雨のち雨ところによっても雨

屋久島物語

秦 達夫

屋久島MAP

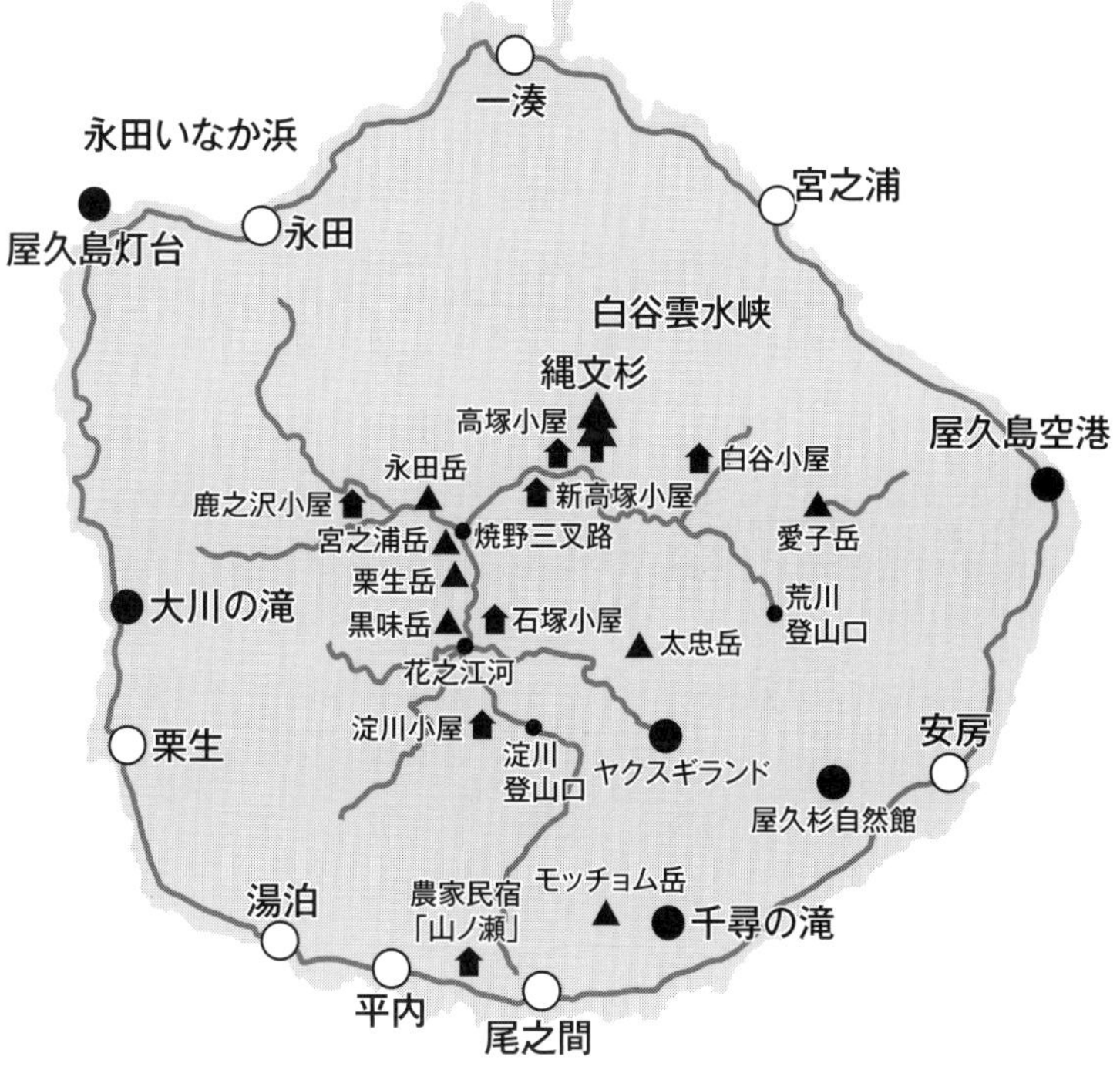

一湊
永田いなか浜
宮之浦
屋久島灯台
永田
白谷雲水峡
縄文杉
高塚小屋
屋久島空港
白谷小屋
永田岳
新高塚小屋
鹿之沢小屋
愛子岳
宮之浦岳
焼野三叉路
栗生岳
荒川
登山口
大川の滝
黒味岳
石塚小屋
太忠岳
花之江河
淀川小屋
安房
淀川
登山口
ヤクスギランド
栗生
屋久杉自然館
モッチョム岳
農家民宿
「山ノ瀬」
湯泊
千尋の滝
平内
尾之間

必殺技を求めて屋久島へ

「例の仕事、キャンセルしてくれない？」

僕と屋久島の関係はこのひと言から始まった。

突然の断りの電話によって一週間後の僕のスケジュールにぽっかりと穴が空いた。抗議をしたところでどうにもならず、塞ぎ込んでも仕方ないと開き直り、屋久島へ出掛けることにしたのだ。

あの頃の僕は写真家として活動を始めたものの、何も結果を出せず、ただ毎日を生きることに精一杯の生活を送っていた。

そして僕は継続して取り組む撮影場所を探していた。いわゆる撮影をしていく「テーマ」というものだ。場所でなくてモチーフ探しでも良いのだが。

モチーフとは被写体のことで「滝」とか「森」とか「渓谷」など具体的な撮るもの

と考える。どこにでもあるのでどこで撮ってもいいといえばいい。

しかし、モチーフの場合は、撮影する場所が全国となり、守備範囲が広大になってくるので深く掘り下げることが難しいと考えた。いろんな場所に行けるから楽しいという発想もあるが、僕はそんなに器用ではない。

だから僕は「場所」を探していたのだ。

長野県の山育ちだから漠然と島への憧れがあった。利尻・礼文島や西表島など時間とお金ができたら出掛けていたのだった。少し見栄を張ってしまった。

時間は売るほどあった。誰も買ってはくれない大いなる無駄時間。そして有り余る体力と気力。無いのはお金だけで、少しでも資金ができたら旅を繰り返す。時間と気力・体力をふんだんに使って思うがまま旅をした。

それが写真家としての肥やしになると信じて……。

どうしてテーマを持って接することが必要だったのか。話が逸れるが、昭和のヒーローは必ず自分を代表する必殺技を持っていた。

ウルトラマンならスペシウム光線、仮面ライダーならライダーキック、マジンガー

Zならブレストファイアーやロケットパンチ。

技を言えばヒーローがわかる、昭和人なら誰でも知っている技。子どもの頃、憧れて真似をした必殺技。そんなヒーローを代表する必殺技こそがヒーローをヒーローとする代名詞なのだ。だから写真家として生きていくためには自分を代表する必殺技、「○○と言えば秦」というテーマを自分で創る必要があった。

テーマを持つことで目的が明確化する。その目的を射止めるためには、「いつ行動すべきか」「どこへ行くべきか」「何を撮るべきか」「どのように撮るべきか」「どんな機材が必要か」、そして最後に「なぜ撮るのか」という理解が深まる。

つまりテーマとは「羅針盤」なのである。

それから、ただ撮っていると作品の方向がブレ、自分を見失う。自分のない作品ではコンテストに入賞したとしても写真展や写真集を編むまで成長できない。「テーマ」とは写真家として生きていくために必要なもののひとつなのだ。そしてテーマに相応しい場所とは「好きなもの」「通えるもの」「フォトジェニックなもの」という師匠の教えもあった。そんなことで今回は屋久島に行くことにした。

その頃の僕にとっての屋久島といえば著名な写真家が深く愛した島、世界遺産、長寿の巨木、苔むした深い森、児童文学作家・椋鳩十氏の世界、「浮雲」（林芙美子著）、ウミガメ産卵地日本一などといった一般的なイメージしか持ち合わせていなかった。

「世界遺産になるくらいだから凄いんだろ」

と斜に構えて見ていた面もある。だから他の島に通い、後回しにしていたのだと思う。屋久島に行くことに決めた理由に経費の問題もあった。幸いにも島には複数の避難小屋が無料で開放されており、他の島に行くよりも費用は掛からないという打算もあった。

あれから60回近く島に通うことになるとは想像もしていなかった……。

写真集も３冊創ることができた。ギタリストのＳＵＧＩＺＯさんと知り合う切っ掛けにもなった。

自分の必殺技を手に入れたかどうかは定かではない。それは僕が決めることではなく、周りが決めることなのだと思う。

あのキャンセルの電話がなければ、屋久島の旅は始まることがなかったのかもしれない。

写真集『山岳島_屋久島』より

揺れに揺れての初渡航

電話の後、早速エアチケットを手配して屋久島に行くことにした。チケットはＪＡＬで全て手配した。格安チケットの存在も知っているが、まずは王道で乗り込んでみたかったからだ。

回数を重ねればアレンジも良いだろうが始めの一歩は王道で行く。始発の便に乗るためには電車での移動では間に合わなかった。しかし、あの時はＪＡＬのサービスで乗り合いタクシーが運行されていた。とても嬉しいサービスだった。

羽田空港の受付では、鹿児島までは順調に飛ぶが、天候不順で鹿児島から屋久島間は条件付きの出航だと言われた。

鹿児島空港までは約1時間半のフライトだが、いつの間にか寝てしまい、あっという間に鹿児島に降り立っていた。

鹿児島空港は広くもないが狭くもなく、お土産屋さんと軽食コーナーが中央にある中規模の空港。わかりやすくて好きだ。

晴れていれば霧島連山を見ることができる。ゲート11・12の奥に、座敷のような一段高くなった場所に畳が敷かれており、くつろげるスペースになっている。ちょうど屋久島方面のゲートの近くだ。乗り継ぎの時間をここで過ごした。

窓には雨が強く打ち付けて飛行機が飛ぶのか心配になった。

周りには屋久島に行く人や種子島、徳之島など離島に向かう人がいた。旅行者ではないのだろう口数も少なく、耳を澄ますような仕草でじっとしている。

恐らく自分が乗る飛行機の運航状況が気になっていたのだと思う。屋久島に向かう飛行機はYS－11。たしか日本航空機製造が戦後初めて開発した国産の双発エンジンを持つ旅客機だ。

すでに日本では鹿児島－屋久島間でしか飛んでいなかったのではないだろうか。今は新しい機体に入れ替わっている。使い古された疲れた機体のイメージはなかったがプロペラの塗料は剥げており年季を感じさせた。飛行機マニアは屋久島が目的ではなく、ＹＳ－11に乗ることが目的で屋久島に渡る人がいると聞いたことがある。

このサイズの旅客機はアメリカで乗ったことがあるが、あれはジェットエンジンだったと思う。

あの時のことはとても思い出深い。

飛行機に乗り慣れていないアシスタント時代のことである。

僕はエンジンが見える窓側の席に座りながら着陸するのを待ち、こんなことを考えていた。

「飛行機って着陸の時に事故が多いって聞いたことがある。もしここで強い横風が吹いて機体がバランスを崩したり、鳥がエンジンに飛び込んだりしたら……」

何とも言えない不安な気持ちだった。

エンジンが唸りを上げて風きり音が増し、振動も強くなっていく。お尻から耳からダイレクトに陸に近づいていることが伝わり、地表物はぐんぐん大きくなった。

タイヤが滑走路と接触する衝撃が足の付け根を通過して胃袋を通り越し胸に突き上げる。

「ドン！」

強い衝撃と共にエンジンがバラバラになった！と思った。

「えっ！事故？」

と思う間もなく機体は減速し、自動車並みのスピードで滑走路を走っていた。エンジンがバラバラになったのではなく正確に言うと空気抵抗を増やすためにトランスフォームしただけだったのだ。

「ブイーン」というモーターの音と共にエンジンは元の形に戻り、焦っていた僕の心も元に戻っていた。

――そんなことをＹＳ－11に乗り込む時に思い返す。

ゲートからはバスで飛行機まで移動した。これは初めての経験で面倒くさかったが、滑走路に数歩だけでも降りられたことに心が高揚した。

雨が降っていたが気にはならない。地元の人が多いと思っていたが、屋久島行きのこの飛行機には観光客が多かった。

ロビーのような静けさはなく、旅行中の楽しげなザワザワ感が機内には広がっている。飛行時間は三十分程度と聞いていた。あっという間に屋久島上空を旋回した。

途中、あめ玉とポストカードとA4の地図が配られた。

機内アナウンスが流れ、機体が揺れること、もしかしたら「鹿児島空港に引き返す」と美しく落ち着いた声が聞こえてくる。

着陸態勢に入る。翼が空気を孕み、風が切れる。音の強弱が機体の揺れとリンクする。エンジンの唸る音が増し、恐らく空気の抵抗に負けないようにスロットを上げているのだろう。胃が持ち上がる感覚と下がる感覚は気持ちが良いものではない。

時折、ドリフトをするようにお尻が流されて斜めに進んでいく感覚が伝わってくる。

いつの間にか旅行中の楽しげなザワザワ感はなくなり、エンジン音と風きり音が響く。

機内は沈黙に支配された。

ふいに浮き沈みする機体に同調するかのように小さな悲鳴が所々から聞こえてくる。

パイロットの緊張はMAX? 手に汗握る? もしかしたら、こんなのは慣れていて鼻歌交じりで操縦しているのかも? そうだとしたら操縦席と客席のコントラストは面白い。

「ドン!」という衝撃と急ブレーキを掛けられたような前のめりの「G」が身体に伝

わり、シートベルトの有り難みを実感する。

背中がシートに戻った頃に機内から自然と拍手と歓声が沸き起こった。緊張が解かれ安堵した心が自然と拍手という形になったのだと思う。

緊張や危機感は心を素直にするのかもしれない。

無事着陸した開放感から空港内は騒がしさが増していた。名前入りの看板を持ったレンタカー屋さんのスタッフ、民宿のお迎え、競りをしている市場のようだ。

宿もレンタカーも予約していない僕はひとり取り残された。いつの間にか空港のスタッフも奥に引き上げ、狭い空港のロビーに僕とハイカー姿の老夫婦一組だけになっていた。静まりかえったロビーは何となく淋しい。

外は大雨。よく着陸することができたものだと感心するくらいだ。

島に渡って最初にやることは決めていた。それはガスカートリッジの購入だ。飛行機にカートリッジを持ち込むことができないから島で購入する必要があるのだ。

東京を飛ぶ前に下調べしておいたのだが、空港の近くに「ファミリーショップ サムズ」というスーパーがあり、そこでガスカートリッジの購入ができるらしい。現在は空港の売店でガスカートリッジを購入できるという。

今は馴染みのレンタカー屋さんや民宿で「余ったガスカートリッジない？」と聞けば出してくれることもある。ほとんどの登山者は三、四回自炊するだけのためにガスカートリッジを購入し、持ち帰ることができないので処分をお願いして帰るからだ。

高いものではないが費用は控えたいので頂けるものは再利用したいのが人情というもの。

気をつけないといけないのは、錆である。錆が酷いものは使用しないようにしたい。僕は経験ないのだが錆が原因で爆発することがあるらしい。そのあたりはよく確認する必要がある。登山中に爆発は勘弁して欲しいし、ニュースで自称写真家が爆死と紹介されたら恥ずかしい。

あと、バーナーメーカー指定のカートリッジ、つまり純正品を使うことが推奨されている。日本はアウトドア用のバーナーにＪＩＳ規格が定められていないため同じような形でも違いがあるかもとの意味合いだと思う。

JAL
JAPAN AIR COMMUTER

屋久島は山だった

屋久島はおよそ北緯三十度二十八分、東経百三〇度三十分の場所にある。東京から約一〇〇〇キロ、鹿児島市からは南へ一四〇キロだ。日本初の世界遺産としても有名で、経済活動は僕の故郷などと比較にならないほど活発である。

あるとき、友人を迎えに屋久島宮之浦港で到着したばかりのフェリーを眺めていると、大きなハッチが開き、フェリーの中からトラックが次々と現れた。その数の多さにビックリさせられる。

トラックが落ち着くと次はトレーラーがない牽引車がフェリーに乗り込み始めた。数分後にはコンテナを引きずって降りてくる。その量は半端ない。こんなに物流が激しいのかと感嘆した。

屋久島は、ほぼ丸い形の島で集落は海沿いの街道に点在している。街の位置表現として時計の文字盤を用いて説明することがある。

例えば屋久島で一番大きな町である宮之浦町は一時から二時の間。とても熱い温泉で有名な尾之間温泉が六時の位置、といった表現になる。この説明を聞けば宮之浦・空港・安房等の位置関係がすぐに理解できる。

面積は五〇四・二九平方キロで周囲一二六・七キロ。淡路島（五九二・五一平方キロ）より小ぶりといったイメージだろうか。

ちなみに日本の離島の面積順位を補足すると淡路島（兵庫県）が十一位、屋久島は十三位となる。

屋久島の隣にある鉄砲伝来、ロケットの島で有名な種子島は十四位だ。種子島は面積が約四四四平方キロとビンゴの数字を持った島だけあってパチンコ屋が多いと感じた。これは僕個人の印象であり実際にはなにも関係のない話だと思う。

話が逸れたが、東京二十三区の面積がおよそ六二〇平方キロだから、その数字と比べても屋久島はそれほど大きな島というわけではない。

面積のイメージが近い例として淡路島を紹介したが、それだけで淡路島を例にしたわけではなく、僕が気になる島なので、少しでもみなさんに興味を持って欲しいと思っているからだ。

淡路島は古事記によると伊弉諾尊・伊弉冉尊が日本列島を創造する時に最初に創った島だと言われている。それから世界三大潮流のひとつ鳴門海峡とも接しており、歴史や地球の神秘を感じることができる島なのだ。

またまた話が外れたが、淡路島の標高が六〇八メートルに対し、屋久島の最高峰である宮之浦岳が一九三六メートルになる。およそ三倍となり、屋久島は離島では一番背が高い。

その他、背が高い島の代表は利尻島（利尻岳一七二一メートル）となる。実はサハリンを除けば離島で標高一〇〇〇メートルを超す島は、あとは佐渡島くらいだ。

北岳、槍、穂高のような三〇〇〇メートル級の山々の世界観があると二〇〇〇メートル弱の山は物足りなく思う登山愛好家もいると思うが、離島の山々は独立峰になっており、海の影響をダイレクトに受けるので気象や植生の変化が激しく、とても魅力的な要素をふんだんに持っている。

地形の変化は特に凄くて、海抜〇メートルから一気に二〇〇〇メートル級にまで聳え立つ山の気象は大きく変わりやすい。

屋久島は暖流である黒潮の上にあるからダイレクトに海の影響を受けて雨も多いし雪も降る。だから気候の変化も激しくて植生も変化に富んでいる。屋久島が世界遺産になった理由はこの辺りに秘密があるのだ。

歴史も古く琉球王国の時代だったり、豊臣秀吉の話が出てきたり、西郷隆盛が登場するなど偉人のレパートリーが豊富なのも興味をそそるポイントとなる。

そんな個性豊かな島なのだが、郷土料理と言えるものは少なく「首折れ鯖」や「トビウオ」、それと芋焼酎の「三岳」くらいしか僕の頭の中には浮かんでこない。そう言えば「カメノテ」は絶品中の珍味だった。これはぜひ屋久島に訪れたら味噌汁で食べて欲しい一品である。ちなみに「カメノテ」とは、ウミガメの手ではないことだけは伝えておこう。

屋久島の屋久を薬と書くこともあるそうなのだが、そう言った意味で僕は「YAKU中」になってしまったのかもしれない。

写真集『山岳島_屋久島』より

何でも揃うファミリーショップ サムズ

ガイドブックにはすぐ近くだと書いてあったがサムズは歩いたら遠かった。

白谷雲水峡行きのバスの時間を確認し、ザックを無人の空港ロビーに置き去りにしてきた。サムズは僕が大好きなビックカメラのような何でも揃っているお店だった。駐車場は広く、店先には雑多に農機具や種の類、サンダルなどが置かれている。

雨のせいなのか客は少なく、第一印象は「こんなんで経営していけるのかな」というものだった。今は改装されて新しいお店になっている。

店内は入って左が食料品、右が日用品、その奥に家電や自動車用品、釣り具、アウトドアグッズの棚が並んでいる。驚いたのは、お酒の棚だ。入って正面、種類が豊富で焼酎が半分くらいの面積を占めていたように思えた。さすが九州人。あとで知ったのだが、屋久島が誇る焼酎「三岳」の販売店になっており、当時は決まった曜日に整理券をもらわないと購入できなかった。

製造会社の三岳酒造が工場を大きくしてからは納品が潤沢になり、サムズでは大体在庫があり、関東や関西でもリカーショップで目にすることができるようになった。今でも貴重な焼酎は「愛子」。三岳の姉妹焼酎で注文から八ヶ月待ちの貴重な焼酎だ。

ガスカートリッジのほかに山で食べる食料もここで購入する。食料と言ってもインスタントラーメン、スープ、コーヒー。それからナッツ類、お菓子、雑魚くらいだ。

忘れてならないのは缶コーヒー五本パック。お気に入りはジョージア・エメラルドマウンテン。一本ずつ自動販売機で買うより格安になるし、手間が掛からない。缶コーヒーは山では飲まないが車での移動中、リラックスできるので僕には必需品となる。

お米類はアルファ米を東京の好日山荘で購入して持参した。ナッツ類とは酒の肴で食べるピーナッツなどのことだ。塩気があって食欲が落ちても食べることができ山では重宝する。しかし、水がないと喉の奥で絡まることがあるから豆だけでは食べない。

ナッツの中でもカシューナッツは大好物。ピスタチオも好きで必ず買うのだが殻があるので、これは山には持っていかない。ゴミになるからだ。里にいるとき、つい食べ過ぎて殻の山を見ると自分がリスになった気持ちになる。

サムズはいつもどれを選んでも三袋一〇〇〇円で販売されているので助かる。それを雑魚、マーブルチョコ、干しぶどうと混ぜるようにジップロックに入れる。

ナッツの入っていたパッケージはまとめて捨てる。これはゴワゴワしていて音が激しく出るから使いにくいのだ。

量はジップロックの半分くらいになるようにする。これが山での行動食になる。塩気と甘みが絡まって味は悪くないが三日目からは飽きる。

でも空腹さえおさめることができれば良いので、山ではこれで我慢。味変のために「柿の種」や「味ごのみ」などを途中で追加することもある。

この中で雑魚の登場に「？？？」な人もいると思うがカルシウム、タンパク、ミネラルの補給になる。勢いよく食べると口の中に刺さるので気をつけながら食べる必要があるからやっかいだ。でも、早食いの僕としてはゆっくり食べられるので空腹を少量で補うことができるから一石二鳥という訳だ。

この行動食は新田次郎著『孤高の人』の中で加藤文太郎氏が食べていたのを真似し

ている。安価で腹持ちがよく、軽いので山の行動食に便利な食べ物。ときには甘納豆を加える。日が経つとジップロックの中で小さい団子のようになるので、それが気になって最近は入れていない。これらを食べるので昼ごはんは食べない。

火を使った食事は夕食くらいでお湯を掛けて出来上がるアルファ米とただ煮るだけのインスタントラーメン。食べている間にもう一度湯を沸かし、魔法瓶に詰めておく。

僕が使っている魔法瓶はサーモス（ＴＨＥＲＭＯＳ）の山専用ステンレスボトルＦＦＸ５００だ。保温力が高く、ボディーリングなどが付いて衝撃吸収機能が充実しているので助かる。夏でも持ち歩くアイテムのひとつ。

朝食は魔法瓶から湯を出し、インスタントスープとお菓子を頬張り終了。腹が空いたら先ほど話したブレンドナッツを口に入れる。食には全く興味がないのだ。

買い物を足早に済ませ、慌てて空港に戻った。ザックが心配だったこともあるがバスの時間が気になったからだ。ザックは無人のロビーで僕が置いた場所に、置いた角度で鎮座していた。誰にも触られていないようだ。

バスに乗ってからの記憶がない。すぐに寝てしまったのだと思う。

もののけの森と呼ばれた森

白谷雲水峡にはあっという間に着いてしまった。

ここは苔むす森が広がっており、無数の屋久杉が点在する屋久島を代表する森のひとつだ。

はじめにここを選んだ理由は、屋久島らしい森だからというわけではなく、無料で使える避難小屋がコースタイム徒歩二時間弱の場所にあるからだった。

入り口の受付で簡単な質問を受ける。どこから来たのか、どこに行くのか。そして小屋に何日か宿泊すること、できたら縄文杉まで行きたいと伝える。言い方が変だったのか怪訝そうな顔で僕の足下をチェックするように覗き見て「いってらっしゃい」とひと言。

雨はずっと降っていた。

夢中で歩いた。途中に看板があり、よく整備された森だった。登山者には誰も会わず静かな森の印象である。

「これだけ雨が降るなら一般のお客は来ないのかも」

雨はまだまだ降り続く。小屋には一時間半ほどで着いたと思う。思っていたより立派で綺麗だった。

玄関の脇にザック置き場があり、そこにザックを下ろす。重たいアルミ戸をスライドさせて中に入り、元気よく挨拶をした。

薄暗い小屋の中はカビ臭かった。

雨の音は外にいた時より小さく聞こえて、より一人でいることが強調され、小屋の中の静まりを強く感じた。返事がこない小屋の中の様子をうかがう。登山靴を脱がずに入って行ける奥の部屋に恐る恐る、そおっと「こんにちは～」と入る。

玄関側の部屋は庭に面しているので明るい。奥側の部屋は、窓はあるが森が茂っており薄暗い。目が慣れないので懐中電灯がなければ様子がわからないくらいだ。

目を凝らし、よく観察したが誰もいなかった。

ホッとしたような心細いような複雑な気分になった。しかし、今夜寝る場所が確保できたことに安堵した。

小屋に着いたら水場の確認。これは確認するまでもなく庭の角にジャアジャアとホースから水が勢いよく噴出していた。これで腹も満たすことができる。

時計を見ると午後一時を少し過ぎた頃だった。小雨になり雨が止みそうなので撮影に出掛けることにする。

写真集『屋久島 RainyDays』より

屋久島の誘いに乗って雨の森へ

小屋から少し下った場所で雨の勢いが増してきた。

さっきは、なんだったのだろう。止むそぶりを見せて僕を誘い出したのか。そうだとしたら僕はその術にハマったらしい。僕をハメてどうするのだろうか。

寒くはなかった。むしろ一時間半歩いて火照った身体には心地良い気温だ。

周りの樹々はどれも苔で覆われ、太く変わった形の樹が多い。

故郷の長野は林業が盛んだったこともあり、針葉樹林は人工林しかなかった。その姿は規則正しい間隔で植えられており、真っ直ぐな姿しか見ることはなかった。

しかし、この森は全く違っていた。真っ直ぐな杉は皆無だった。むしろ変わった形の樹ばかりなのだ。これが杉なのか、と思うものばかりで驚いた。奇形樹の森はどことなく怖かった。

予備知識として勉強してきたことだが、屋久杉は油分が多く、年輪の密度が高い。水に強く平木といって屋根瓦によく使われたそうだ。平地の少ない屋久島は水田の確保が難しく、平木を年貢として納めていたという。

伐採の歴史は、古くは豊臣秀吉が作ったとされる京都天台宗方広寺（一五八六年建立）に用いられたのが始まりだとか。このお寺は存在するが焼失してしまっており、現在の建物に屋久杉が使用されたとは説明されていない。

切り出しが本格化するのは泊如竹《とまりじょちく》が現れる江戸初期だそうだ。でも一番樹を切っているのはチェーンソーが開発された現代に入ってからだろう。

僕が生まれた昭和四十年代は、山の中に映画館ができるほどの集落ができたとかできないとか。それだけ樹を切っていたという例え話なのかもと思えた。

先にも触れたが、屋久杉は平木にするために伐採されているので真っ直ぐな樹しか切られない。曲がった樹や穴が空いた樹はそのまま放置された。たとえ切り倒したとしても中が空洞になっている樹はそのままにされていた。

そんなことで、変わった形の樹ばかりが残り、今の森が形成されている。

写真集『山岳島_屋久島』より

古い手動式カメラで時を写し止める

森には人の姿はなかった。

雨はさっきよりも激しくなったように思えた。傘が役に立たない。三脚に取り付けたカメラにはＦｏｘｆｉｒｅのカメラ用レインカバーを掛けている。それでも心配でカメラを守るように傘を傾けた。

ラッキョウのような大粒の雨がレインスーツのフードを叩く。当たり所が悪いと耳がキーンとした。頬に当たると雫の形に肌が凹むのがわかった。

僕は巨樹を見上げていた。

それしかできなかったというのが正解なのかもしれない。

雨が頬から首へと伝わり、レインスーツの中のＴシャツまでも濡れている。その不快感で我に返った。

長い時間ここに立ち尽くしてしまったのかも……。いや長いと感じたが、実は数分のことだったのかもしれない。袖をめくり腕時計に目をやる簡単なことが面倒くさい。というよりも人間の時間など意味がないと思え、時計を見なかった。

この巨樹は僕が生まれる遙か昔にこの地に生を受け、幾つもの春を迎え、冬を越し、樹形が変わってしまう大きな台風を何千回もやり過ごしてここにいる。その一生は、僕がこの世から消滅しても続いていく。

「悠久とはこのことなのか」

などと考えていた。人間の時間軸とは全く異なる時間の中で森は生きている。僕の一生など一瞬であり、巨樹の一生は僕にとって永遠に等しい。

そんなことを考えていたら写真家なのにカメラを構えることができなかった。ぼーっと大雨の中、森をただ眺めていた。ファインダーを覗こうと思う頃にはパンツまで濡れていた。レインスーツの意味がないような気もするが、レインスーツを着ていなければ身体が凍えてしまうだろう。

カメラのクランクを回す指が白くふやけており、自分の指ではないような感覚で動きが鈍くなっていた。お風呂でおばあちゃんの手と姉と遊んだ幼少の記憶が蘇る。雨に体温を奪われ、神経伝達に遅延をきたしているのだろうか。思うように指が動かない。クランクを回す指から心地よいトルクが伝わってくる。ギアとギアが噛み合い回転し、フィルムが引っ張られる振動。クランクは縦回転だがフィルムは横にスライドしていく。

この小さなスペースの中にどうやって回転を変換させるギアを配置したのだろうか。ミラーアップを行い、シャッターを切る。

一連の動作に音がシンクロしていく。クランクを回す「グゥーゥウィ」、ミラーアップ「バシャコン！」、シャッターを切る「カチッ！」、シャッターが閉まる「チィ！」リズミカルな動きだ。この音が繰り返されると心地良い。

次第に悦に入っていくのがわかる。自分は写真家なのだと高揚感が増していく。

僕が屋久島を撮影するパートナーに選んだカメラはＺｅｎｚａ ＢＲＯＮＩＣＡ ＧＳ－１（６×６改）。オートフォーカス機全盛の時代ではあるが自分でピントを合わせるマニュアルフォーカスの古い中判カメラだ。

中判カメラとはブローニーという幅約6センチのロールフィルムを使うカメラのこと。中判カメラは機種によってフォーマット（露光面）の比率が変わる。

このカメラはフィルムバック交換式で通常は6×7判なのだが6×6判フォルダーに交換をしてスクエアカメラとして撮影ができるシステムだ。

6×7判の場合は、一本で十枚しか撮影できないのだが6×6判になると十二枚も撮影できる。今はデジタルカメラに大容量のカードを入れると何千枚も撮影できてしまうので、この数字は信じてもらえないかもしれない。

写真は一瞬一瞬を写し止める作業であるが、そこに写るものが一瞬とは限らない。永遠の時間が定着することもある。屋久島に取り組むにあたって一瞬をとらえるのか永遠を追うのか僕にはわからなかった。

ハッキリしているのは自分の時間を写し止めたいということ。その欲望に応えてくれるカメラは古いマニュアルカメラが相応しいと思っていた。

しかも縦も横もないスクエアなフォーマット。普通カメラは横長のフォーマットになっている。35ミリ判なら3：2。645判なら6：4.5の比率だ。縦長とも言える。

僕の持論だが、横長構図（縦長構図）は物事の進行方向を暗示しており、構図や思想に流れ（時間）がある。それを縦も横もないスクエアにすることで断ち切るのだ。

これは僕の考え方なので、他の人はまた違う感覚を持っているはず。とにかくスクエア（6×6判）というフォーマットはこだわりがあることを表している。

そもそも、スクエアフォーマットは広告の分野でページレイアウトの時に縦構図と横構図の両方に臨機応変に対応できるようトリミング前提のフォーマットとして使われていたらしい。余白も大きく取ることが前提となるのでカメラマンの意思よりもデザイナーの意図が大きく反映され、誌面に展開されていく。

トリミングとは写真を自由な比率で切り抜いて使うことを言う。僕の表現にトリミングという概念はない。撮影の時にフレーミングを決めたら、それが絶対なのだ。

屋久島の表現には時間軸がキーワードになるのではと思っていた。だから縦も横もないスクエアフォーマットでなくてはならなかった。そして、モノクロームであることだ。

写真集『Traces of Yakushima』より

モノクロームで撮る理由

モノクロは色に左右されないフォルムとトーンだけの世界。

そこには第三者の記憶が入り込む隙がある。観る人の記憶が作品に入り込むことで見え方が大きく変化していくのだ。

写真表現においては、僕の魂である作品とそれを観た人の記憶がシンクロしたときに本当の価値が生まれると信じている。

そのためにはモノクロである必要があったのだ。

そして選んだフィルムは富士フイルムのアクロス100。ラチチュードが広く粒状感がお気に入りのフィルムである。

最近は高画素のデジタルカメラが主流で、とても滑らかな描写になっている。それはそれで好きなのだが、フィルムは塩化銀が光に反応し、薬品よって粒子を形成する。

その化学変化は良い意味で乱れた粒状感を作り出す。それがアンニュイであり、屋久島の姿を捉えるのに合っているように思えた。

ピントはマニュアル式だ。プリズムファインダーを使うとＡＥ測光ができた。ＡＥとはオートエクスポージャーの略で絞りを決めるとシャッター速度をカメラが算出してくれる仕組み。つまり絞り優先オートでの撮影ができるのだ。

レンズは50ミリ、１１０ミリマクロ、２５０ミリの三本。その他に最新式のデジタル一眼レフカメラ一式。

僕は森の質感を捉えるために絞り込んで撮影をする。

絞り込むとはカメラにはＦで表される数字があり、その数字を大きくしていくと被写界深度といってピントが合って見える幅が深くなり、ちゃんとした濃度の写真になるにはシャッター速度が遅くなる理屈がある。ピントが合って見える幅が深くなれば質感描写もよくなっていくという仕組みだ。

中判カメラは35ミリカメラ（一般的なフィルムの大きさ。中判カメラよりフィルム面積が小さい）に比べ被写界深度が浅い。だからより絞って撮影する必要があった。

基本はＦ16。森の中は昼間だというのにうす暗い。Ｆ16まで絞るとシャッター速度は三十秒以上になることもある。

ブロニカのプリズムファインダーを交換するとＡＥで撮影できるのだが困ったことに十六秒までしか測光できない。だからシャッターを切る前に十六秒のカウントで撮影できるＦ値まで開けて露出を確認し、また絞りをＦ16に絞り込んで適正露出になるようにシャッター速度を計算し直しバルブ撮影をする。

つまり、Ｆ16で六十秒と計算が出たらシャッターボタンを押したまま一分間、頭の中で数えながら待つことになる。

カウント中に話しかけられたりなんかするとシャッター速度がわからなくなって、もう一度撮影のやり直しになる。

結構面倒なカメラだ。

あれだけファーストショットを切るまで時間が掛かったのに、撮影が始まると夢中になって時間を忘れてしまう。三脚を伸ばしたり縮めたり、一本の樹をいろんなアングルで撮影した。

写真集『Traces of Yakushima』より

屋久島の森のイリュージョン!?

しゃがみ込んで撮影していると賑やかな女性の声がした。カラフルなレインスーツのグループが楽しげに僕の後ろを通過して行ったのだ。こんな雨の中でも若い子が来るんだと思ったが、挨拶もそこそこで撮影に没頭した。

小腹が空いたので白谷小屋に戻ってみると、さっきのカラフルなレインスーツの女性グループが休憩していた。

その様子を見て僕は驚いた。

なぜなら、あのカラフルなレインスーツの内側は僕のイメージとは全く違う存在だったからだ。

大変申し訳ないことなのだが、撮影中に背中で感じたのはカラフルなレインスーツ、そして、華やかな声からして三十代、いや二十代と言っても良いような雰囲気をまとっていた。

普通、雨の中を歩くのは不快極まりない行為である。嫌気がさして言葉すら出なくなる。だが、レインスーツの女性グループは元気いっぱいのキャッキャした声だった。

つまり、僕は二十代くらいの女性グループがやってきたと思い込んでいたのだ。僕が勝手にそう思っただけでレインスーツの人たちは何も悪いことをしていないが。僕が勝手に少々残念な気持ちになってしまっただけの話である。

その反面、この森が持っている力みたいなものにも触れた気がした。

人の感覚や精神状態の問題なのかもしれないが、確かに僕の後ろを歩いて行ったレインスーツの人たちから発せられる雰囲気は今で言う山ガール（もう古いかな?）。そしてイキイキし、足取りも軽く、雨など気にしない和やかなオーラを放っていた。

森の持つ何かが若返りオーラをまとわせた。いや実際に若返っていたのだと思う。

その姿を僕は背中で見ていたのだ。まさにイリュージョン。

撮影をしていると肉眼で見ていなくても雰囲気を感じ取って脳内で映像化し、その場の状況を把握できることがある。まさにその現象の中での出来事だったと思う。

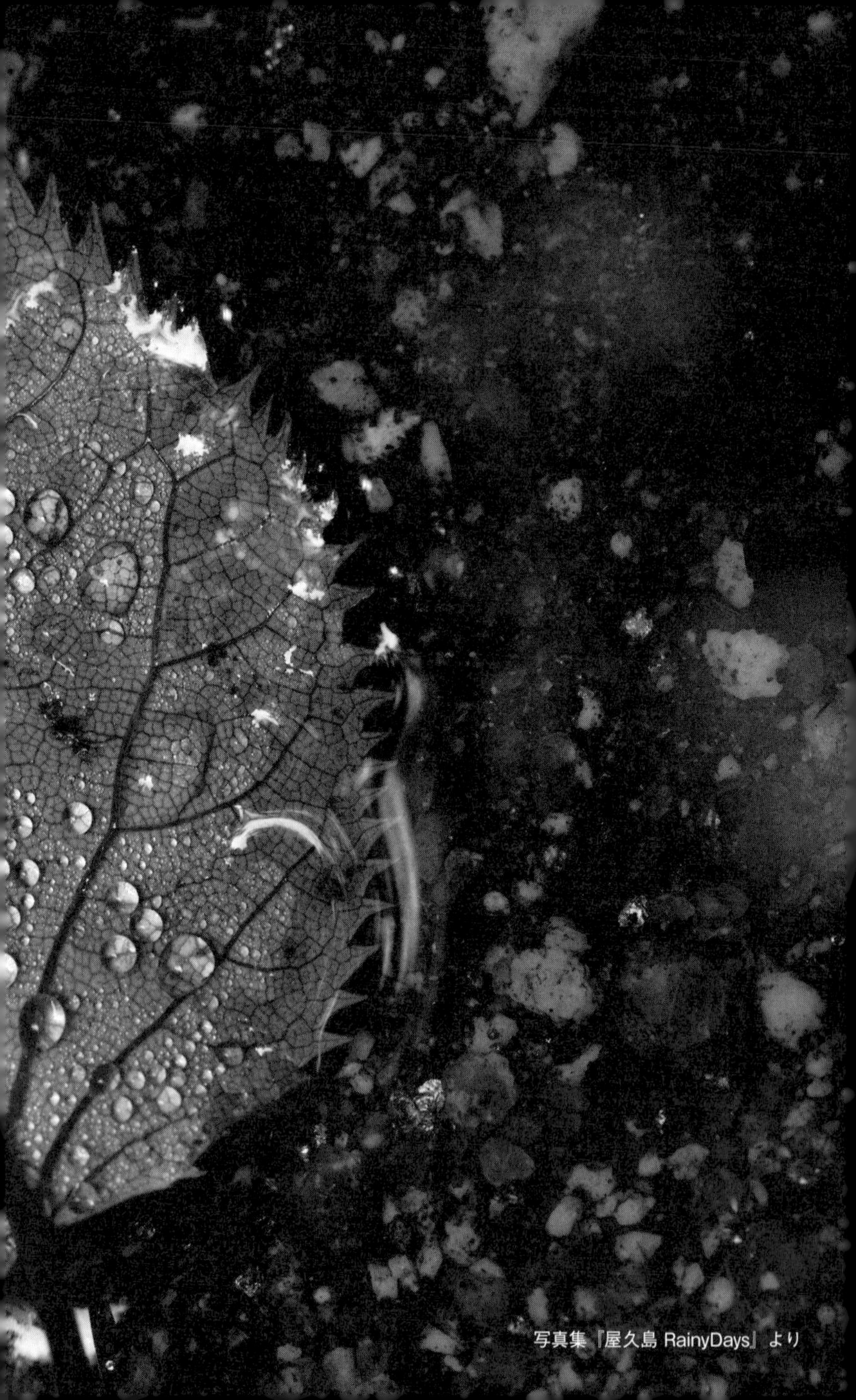

写真集『屋久島 RainyDays』より

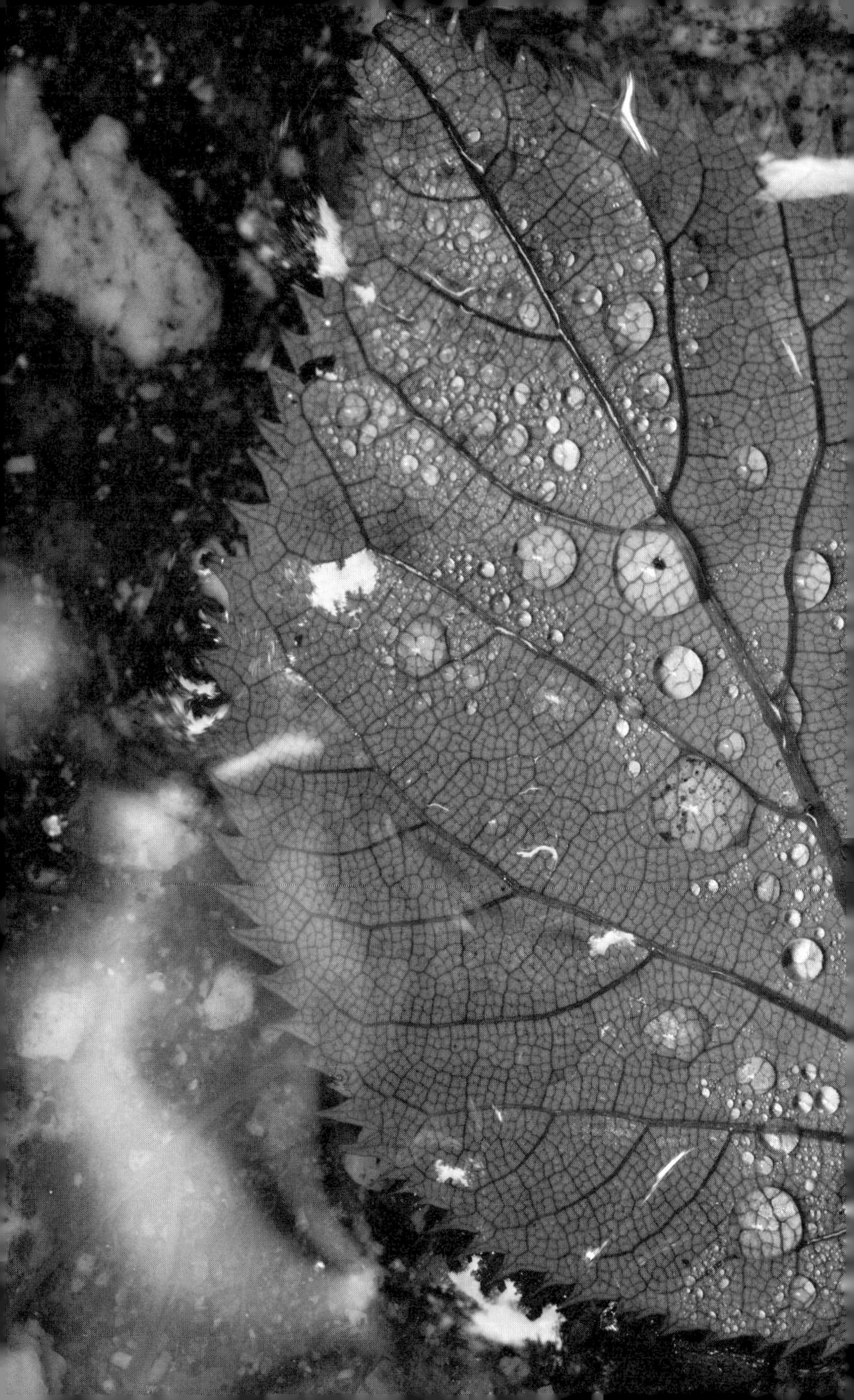

四時間も登って二十分で帰る

気を取り直して、撮影に出掛けた。

時計は十五時を少し回っていた。今度は小屋から上に向かった。はじめに出迎えてくれたのが「七本杉」。なぜ七本杉なのかと理由を探す。

すーっと伸びた背の高い杉だ。確かにデカいが、すでに屋久島の樹を見慣れているのでデカさに驚きはなかった。少し進んでは三脚を構え、撮影した。

ファインダーを覗きフレーミングを確認して。もう一度肉眼で森を観る。そしてファインダーを観る。その繰り返し。

「グゥーゥウィ」「バシャコン！」「カチッ！」「チィ！」。何度も繰り返す。

いつの間にか雨は上がり、静かな森になっていた。僕のカメラの音だけが森に響いた。露光時間はさらに長くなっていた。森は、今までとは異なる暗さに変わり始めていた。日没の時間が近づいている。こんなに遅くなるとは思っていなかったから懐中電灯を小屋に置いてきてしまった。

「ミスった！」

日没ということは十九時頃だ。レインスーツ事件から四時間も経っていることになる。心臓が血液を押し出す力が大きくなったように感じられた。

慌てた。

真っ暗になる前に小屋に辿り着かねば。

走るわけではないが急ぎ足で小屋に向かう。途中、転びそうになるが転ばなかった。あの頃はまだ運動神経は良かったのだと思う。

さらに鼓動が速くなる。心臓から送り出される血液が首の動脈を膨らませ、耳の後ろあたりから頭の中に流れ込んでいくのがわかった。鼓動が速くなったのは運動量が増したからではなく、明らかに昼間とは雰囲気が変わった森に怯えていたのだと思う。

屋久島の森は癒やしの空間として多くの観光客を虜にしている。マイナスイオンが豊富でフィトンチッドが溢れている。苔の緑も柔らかく全てのものが人間を包み込んでくれるような、そんな気がする。

しかし、樹を観察していると気根が複雑に絡み合い、着生植物が取り憑いた樹は本体がなんの樹なのかさえわからないほど奇異な姿をしている。

なかには締め殺しの樹なるものも存在し、着生した樹を締め上げ、養分の吸収を妨げ日照権を奪い、枯らしてしまう輩もいるそうだ。

そんな知識が闇に燻し出されたかのように脳味噌を支配し始める。

早く小屋に戻らなくては。

四時間も掛けて登ってしまった。真っ暗な中で小屋に辿り着けるだろうか、と思って森の先に視線を送ると、小屋に水を引くためのホースが見えた。

そして七本杉が出迎えてくれた。

撮影を止めて二十分も経っておらず、まだ懐中電灯なしでも充分歩ける明るさだった。僕は二十分程度の距離を四時間も掛けて撮影していたのだ。

不安から解放され安心したのか一人で笑ってしまった。

さっきまで「どうしよう」と慌てていたが急に余裕ができた。

写真集『Traces of Yakushima』より

台風がもたらした縁

二回目の屋久島で宮之浦岳に登頂した。

宮之浦岳は九州で一番高い山で一九三六メートルある。阿蘇山や久住山より高いことを知ったとき驚いた。九州の高い山ベスト8までが屋久島にあるそうだ（永田岳一八八六メートル、栗生岳一八六七メートル、翁岳一八六〇メートル、安房岳一八四七メートル、黒味岳一八三一メートル、投石岳一八三〇メートル、ネマチ一八一四メートル）。

高塚小屋に泊まり、小屋と山頂のピストンをした。稜線にでると青空が広がり爽快だった。島でありながら、深い山があり、とても魅力的な島だと思った。

数日山に滞在して食料が尽きたので一度下山をすることにした。食料を調達してから、違うルートで入山しようと考えたのだ。天気が下り坂であることは空模様から伺えた。

今回はレンタカーを手配していたので空港から荒川口までこれといった物語もなく、スムーズに来ることができた。帰りも同じである。

しかし、安房線を下り、県道に出て集落の様子を見て異変に気が付いた。各家々の男衆が金槌と板を持って何やら作業をしているのである。

その光景を見ながらレンタカーを走らせる。運転しているのでじっくり見ることはできないが、窓に板を打ち付けているおじさんを見掛けた。

長野県の山村に生まれ育った僕は、初めて見る光景だった。

そしてラジオのスイッチを入れ、ニュース番組がやっていないかチューニングを合わせてみる。だがラジオ特有のノイズは聞こえるか、韓国語のような言葉が時折聞こえるだけだった。欲しい情報は得られなかった。

今日は食料を買い込んで白谷小屋まで登り、宿泊しようと考えていた。温泉のある尾之間のAコープでとりあえず食料を購入しようと立ち寄る。

そこで驚かされたのは、インスタント系の食料の棚が空っぽだったことだ。日持ちする食料は皆無と言っていい感じだった。

その頃、携帯電話はあったがスマホのように情報を集める能力は乏しく、情報源といえばテレビかラジオくらいだった。

買い物をする島の人たちの会話が耳に入ってきて疑問が確信に変わった。

台風が島にやって来るのだ。

これで全ての出来事が繋がった。話を聞いてみると、大型台風が島を直撃するとのことだった。小屋に出掛けている場合ではない。今日泊まる安全な場所を探さなくては……。宿のあてもないが世界遺産の島だから男が一人泊まる部屋くらいどこにでもあると思い車を走らせた。

知識があれば尾之間から近い屋久島で二番目に大きな街である安房方面に向かったと思うが、その時はなぜか集落が少なくなっていく西側へ車を走らせてしまった。

最初に目に入った民宿に飛び込む。大きな屋久杉の板に「農家民宿 山ノ瀬」と書いてある。玄関に入って声を掛けると、のんびりした口調の女将さんが出てきた。

今日泊めてくれないかとお願いしてみる。

返事は芳しくなかった。このままでは断られてしまいそうだったので、台風の話をした。山の話も、板の話も。その甲斐があって宿泊の許可が下りた。

この民宿との出逢いが、いや、女将さんである絹さんとご主人であるクマさん（僕は「おやじさん」と呼んでいる）との出逢いが僕の屋久島愛に深く関わっていくことになる。

その日の夜は大雨になった。屋根が飛ぶのではないかと思える風が吹いた。屋久島は黒潮がぶつかり日本海側に流れる海流は、対馬海流となり、太平洋側に流れる海流はそのまま黒潮として北上していく。その流れに沿うように台風も北上して行くように思えた。まさに屋久島は台風の通り道の上にあると感じた。

久しぶりの電気がある生活。テレビを付けると九州各地の台風情報が伝えられていた。そんな雨風の強い中で中継をしなくても良いのではと思えるような映像だった。

民宿はできたばかりで新しく杉の香りが心地良い。おやじさんも自慢の民宿のようで、梁の太さや建材である杉の話を夢中でしてくれた。

おやじさんの風貌は俳優のジョージ・クルーニーを横に伸ばして丸くしたような感じ

で、バリバリの屋久島弁。声がやたらとデカく、島のことは何でも知っている島の生き字引のような人だ。

女将さんの絹さんは真逆のキャラクター。おっとりした声で癒やし系だ。料理がめちゃくちゃ美味しくて、鹿児島県知事も島に来るときには、ここを指定して夕食をするという。この宿は屋久島に遊びに来るのではなく、おやじさんと絹さんに逢いに来る人が多いようだ。

今日の宿泊者は僕ともうひとり奈良県から来た青年、通称「タッキー」だ。タッキーと聞くとジャニーズのイケメンを連想すると思うが、そのあたりはご想像にお任せしたい。彼は屋久島に何度も来ているそうで、この宿の常連さんである。

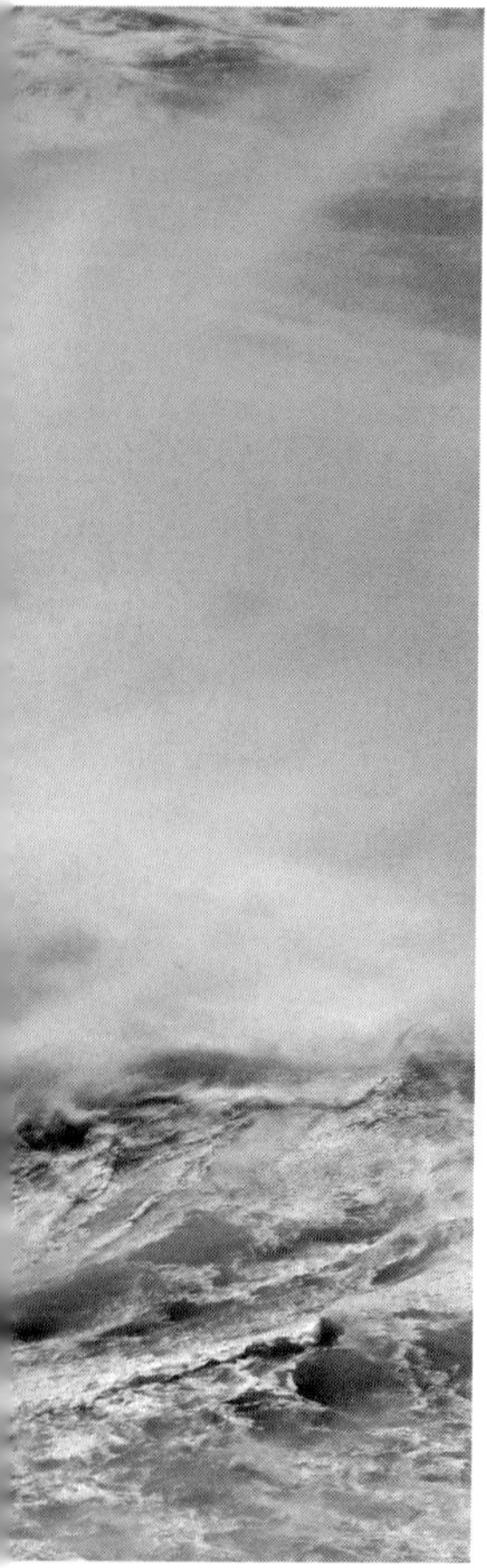

写真集『屋久島 RainyDays』より

屋久島を知って朝顔が萎えた

屋久島には時間ができたら渡航を繰り返していた。

いや、時間を作って渡航を繰り返した。この島をテーマに写真展や写真集を展開していきたいと思い始めていたからだ。

僕らは若かりし頃、定期的にではないが、事務所の先輩たちと写真談義をよくやった。「今何を撮っている」「どんな仕事をしている」から始まって将来の夢物語を終電まで語ることがあった。今思えば懐かしい話である。

若さとは青く儚い朝顔のようなもの。昼になれば萎れて落ちるだけ。しかし、朝顔は一夏でツルを伸ばし屋根を越える。そして大量の種を次世代に繋げていくものだ。

咲かせた儚い花が種となって新しい場所に花を咲かせ、連綿と続いていく。しかし、それは季節が進めば叶うことではないと漠然と知っていた。運良く夢の花を咲かせたヤツが一年草から多年草になり、樹になり大木に進化していくのだと思う。

あの日の話は忘れられない。

いつものように安い居酒屋での一幕だった。先輩から何を撮っているのかと問われ、

「屋久島を撮り始めた」

と告げる。

「今さら、屋久島を撮って何になる。屋久島は著名な写真家が何人もまとめ上げている。無名のお前が取り組んでもどうにもならない」

と言われた。まさにその通りである。名を上げるのであれば誰も撮っていないものを撮るべきだろうし、屋久島のようなメジャーな被写体を追うことは避けるのが得策だろう。もっと斬新なモチーフを探す必要がある。

それは確かにそうだ。現にそう言った先輩はマイナーな世界から新しい世界観を見出し、大きな樹木になる兆しをすでに持っていた。

しかし、僕は興味を持ったもの、凄いと思えたもの、好きなものにレンズを向けるのが悪いことではないと思っていた。

写真は評価されるためにやっているのではない。好きだから撮っているのだ。そう思いながら島へ通ってはいるが、撮れば撮るほど先輩の言葉を思い知ることになる。

屋久島に取り組むにあたって様々な本や作品集を漁るように買い求めた。片端から読み、屋久島がどんなところなのかを勉強した。屋久島の凄さを感じ、もっと撮りたくなった。それが災いすることも知らずにありとあらゆる写真集を見た。

屋久島は写真家の水越武さん、三好和義さんを筆頭にたくさんの写真集が存在する。それらを何度も何度も繰り返し見た。そして島への渡航を繰り返した。

良いなと思えた場所は、実はあの写真集に掲載されていた場所であり、誰かがすでに撮影した場所であった。

撮る時に気が付くこともあれば、写真集を見てあそこだったと思うこともある。これでは自分の屋久島とは言えない。先輩が言っていたことは、こういうことなのかと痛烈に落ち込んだ。

撮り尽くされた島。

朝顔が昼を迎える前に萎れ始めた。

写真集『山岳島_屋久島』より

屋久島を十二時間で巡る

地図を広げ、改めて屋久島を見てみる。

本書のはじめに書いているが、屋久島は丸い形をしており時計の文字盤を思い浮かべると位置関係がわかりやすい。

一時の辺りが屋久島で一番大きな街であり、海の玄関口とも言える港がある「宮之浦」。二時から三時の間という位置関係が「屋久島空港」。近々ジェット機の離着陸を可能にする計画があると聞いたがどうなるのであろうか。四時の位置に「安房」。ここにも港があり高速船が発着する第二の海の玄関だ。

昔はここまで木材を運び出すためのトロッコの軌道が伸びていたそうだ（現在は公開されていないが丘の上まで軌道が存在する）。プチ情報だが、縄文杉登山の休憩ポイントで知られる小杉谷には、昭和四十五年まで村があり、トロッコを使って安房まで買い出しに来ていたそうだ。その映像は屋久杉自然館で見ることができる。

安房を少し南下していくとヤクスギランドや奥岳への登山口に繋がる林道の交差点がある。

五時の辺りに千尋の滝があり、モッチョム岳の登山道がある。六時の場所にはとても高温で泉質がいい尾之間温泉がある。そしてそのすぐ近くの小島集落に僕が定宿としている「農家民宿 山ノ瀬」がある。だから山ノ瀬に泊まるときは毎晩、尾之間温泉に入りに行くのだ。料金は驚きの二〇〇円。地元の人は無料だそうだ。

七時辺りには平内海中温泉と湯泊海浜温泉がある。平内海中温泉は潮が引いたときにしか入ることができない海に隣接した温泉。八時辺りは栗生集落。ここにもカメが産卵のために上陸する砂浜がある。

九時辺りに落差が八十メートルあり、日本の滝百選にも選ばれている「大川の滝」。その先は「西部林道」になっている。

そして十一時に「永田集落」があり、カメが一番上陸する「いなか浜」。十二時辺りに海水浴場がある一湊集落となる。そんな位置関係を確認しつつ島の中央へ視線を戻していく。

屋久島はモッチョム岳や愛子岳を代表とした前岳。その奥には奥岳といって宮之浦岳、永田岳、黒味岳を代表とした山々が鎮座している。一番高い山は宮之浦岳であり百名山のひとつ。よく議論として聞こえてくるのが、百名山を北から数えるか南から数えるかというもの。確かに一番か百番かの違いが出てくるから気になる人は気になるポイントなのだろう。

その議論はさておき、九州で一番高い山はどこかご存じだろうか。答えは宮之浦岳である。阿蘇や九重といった九州を代表とする山々を差し置いて堂々の一位だ。

そして驚くことに標高順位第八位まで屋久島が独占している。

これだけ山があるのだからもっと山を撮っておこうと思い、淀川口から入って宮之浦岳を経由して永田岳に登り、鹿之沢小屋に宿泊する山行を計画した。

淀川登山口から入山するのだが、このコースは少しイラついてしまう（笑）。入山といってもはじめの一時間ほどは下り坂が続くからだ。

大まかなコース説明の看板を横目に屋久杉で作ったであろう簡素な階段を少し登り、

白谷雲水峡とまでは言わないが巨樹の森を進んでいく。いや進むというより下っていくのだ。

これから約二〇〇〇メートルの山に登るのに、下らなければならない矛盾にちょっともどかしさを感じてしまう。できたら一歩でも下りたくないのが人情ではないだろうか。そう思ってテクテク歩いていると一時間ほどで淀川小屋に到着する。

ここを流れる「淀川」は緩やかな流れで川底まで見える。周りの木々が水面に映り込み、美しい渓流だ。太陽の光が差し込んだ時は撮影が目的の人でなくてもカメラを出さずにはいられないほど美しい。

屋久島の渓谷のほとんどは花崗岩の岩河原になっている。しかし、ここは砂岩に覆われ屋久島でも珍しい砂の渓谷だ。

時間があればここで川遊びをしたいといつも思うのだが、これから長い登りが待っているかと思うと水の補給をしたらすぐに出発せざるを得ない。

何と言っても僕の登山は撮影しながら進むので普通の登山者に比べたらスローペースとなる。登山は計画的には進まず、切り詰めるポイントは休憩時間くらいになってしまう。

休憩もそこそこに二時間ほど歩くと「花之江河《はなのえご》」に到着する。ここまではうっそうとした森の中を歩くのだが、突然空が開け、明るくなるので気持ちが弾むポイントのひとつだ。

花之江河は日本で一番南にある高層湿原である。

何千年も時間を掛けて積み重なった泥炭層の沼が広がる美しい湿原だ。中央には木道で繋がった祠があり、厳かな雰囲気も漂う。高層湿原というと尾瀬を思いだすが尾瀬のような広大さはなく、ボールを投げたら対岸に届くのではと思えるほどのサイズ感だ。

しかし、その美しさは尾瀬に引けを取らないものがあると僕は思う。撮影は一度ザックを下ろし、機材を取り出し、三脚に取り付けて行う。撮影が始まると数分では終わらず数十分も没頭してしまう。

幸いにしてシーズンオフのため登山者はおらず気兼ねなく撮影することができた。ひとしきり撮ってザックに機材をパッキングしてまた歩き出す。

そうするとすぐに小花之江河という別の高層湿原が現れ、写欲がうずく。そしてまたザックを下ろし機材を取り出し、セッティングをして撮影。機材を撤収してパッキングして歩きだす。その繰り返しを延々として登山をする。

カメラを首からぶらさげて歩けば良いのではないかと思う方もいると思うが、そうはいかない。カメラを首からさげて歩けば負担が増し疲労に繋がる。カメラがブラブラするので怪我や機材トラブルの原因にもなる。

撮影は一人で行動しておりトラブルに繋がることはなるべく排除していくことが安全登山の基本概念だと僕は思っている。

ここでザックの中身を紹介することにしよう。僕がメインで使用しているザックはOSPREY(オスプレー)一一〇リットル。このザックを選ぶまでにいろんなザックを神保町にある「さかいやスポーツ」さんで背負わせてもらった。

ザックは登山靴と同じで身体にフィットする物を選ぶ必要がある。なぜなら背中と肩の相性が合わないザックを長時間担ぎ続けると疲労度が極端に変わってくるし、身体を痛める原因になるからだ。

デザインが良いからというだけでは選ぶことができないアイテムである。しかも大型ザックのショルダーは立体的になっており、肩から胸に掛けてのラインに沿うように作られている。だからよりフィットするのだ。

逆を言うと合わないときは全く合わない。さんざん担ぎ倒しても、いざ荷物を入れて荷重が掛かると背負い心地が変わってしまうことも。自分に合うザックに巡り会うことは登山を続ける上でとても重要なのである。

ベース候補地まではこのザックで移動する。主に避難小屋をベース地として不要な物はデポし、カメラザックだけで行動する。つまり、メインザックにカメラザックを入れているのである。ザックinザック方式と僕は呼んでいる。

機材の他にシュラフなどの寝泊まりする道具や調理器具と食料が入っている。ほとんどが機材なのだが、しっかりパッキングしなければバランスが悪くなって疲労度が増して長く歩くことができなくなる。

ザックのアンバランスは元気なときは問題ないが、疲労が蓄積すると転倒のリスクにも繋がる。それと機材を守る重要な安全対策ともなるので疎かにするわけにはいかない。そのために背負うまでに時間が掛かり歩みはどんどん遅くなっていく。

黒味岳の分岐を過ぎ、投石平を過ぎ、安房岳・翁岳・栗生岳を見ながら宮之浦岳を目指す。投石平を過ぎた頃から森林限界になり展望が良くなる。

今まで森を通して屋久島を見ていたが山頂から眺める峰々とその先に霞みながら見える海に屋久島は島なんだなと実感させられ、とても新鮮な感覚に包まれる。

この時は確信が持てず感動が少なかったが、遙か遠くの霞の中に富士山のような円錐形の山影が見えた。この影は鹿児島県薩摩半島の南端にある「薩摩富士」とも呼ばれる開聞岳であった。このことを後から知ったとき、とても感慨深く開聞岳が遠くに見えた情景を思い起こした。

僕は南アルプスの麓の谷間にある山村で育った。しかし、南アルプスの手前の山が近すぎてアルプスを見ることなく少年期を過ごしている。だから遠景の山々の風景を見ずに育っているのだ。

このことが影響しているのか遠景を見ることが好きで、島への憧れが人よりも強いのかもしれない。

写真集『山岳島_屋久島』より

永田岳山頂で賭けをする

栗生岳を過ぎて、宮之浦岳の頂上までが長い長い登りになっていた。

何回も何回も振り返った。笹で覆われた尾根筋の歩道は見通しが良く、自分が歩いてきた道筋がよくわかった。こんなに進んだのかと思う感情と、まだまだ先があるのかと思う嘆きが複雑に混じり合う。

地図で見ると小さな島だが歩いてみると大きな島だった。この空間を独り占めしている幸福感は何とも言えない贅沢な気持ちにさせてくれた。

宮之浦岳に登頂したのは十四時を回った頃だった。山頂はちょっとした広場になっており真ん中に頂上を表す碑が立っていた。登頂した人はここで記念写真を撮るのだろうと想像した。

百名山の一つである。多くの人がここを目指してやってきたに違いない。歓喜、嘆き、様々な声をここで発していったと思う。

僕も九州で一番高い場所にいるのかと思うと嬉しくなった。

十一月の風が汗ばむ身体を撫で下ろし、登頂直後は心地よく感じられたが、五分もすると寒く感じた。体温が下がったからか汗で濡れた衣類が冷えたのか、里で感じていた島の気温とは異なることに気が付いた。

何度も言うが、誰もいない。それは明らかにコースタイムをオーバーしていることを意味しており、この時間は山頂にいる時間ではないことを表していた。

少し焦りを感じた。

今日の宿泊は「鹿之沢小屋」を予定していた。宮之浦岳の西側に聳え立つ永田岳の向こうに位置する山小屋だ。地図を見ながら、日没の時間を確認する。急げば明るい時間に小屋に辿り着けるだろうと簡単に考えていた。九州で一番高い山にいるのだから、もう下るだけと浅はかな考えで、来た方向とは違う歩道に進み入る。

焼野三叉路までは下りで快適であった。しばらくほぼ平坦な歩道を進み、また登りが始まる。今度は九州で二番目に高い永田岳を目指すのだ。

宮之浦岳から対岸の永田岳を眺めると大きく聳え立つ、勇ましく悠々とした姿が格好良かった。宮之浦岳よりも永田岳のほうがファンは多いのではないだろうか。

永田岳の斜面を登り始めると永田岳の山頂を見ることはできなくなった。そのかわり宮之浦岳方面がよく見えた。

登りがツラい。

歩道は雨に削られてポットホールのようになっている場所があり、階段は大きく傾いている。ときおり霧に巻かれた。歩道がしっかりしているので道に迷うことはないが、心細さに苛まれた。

苦しい、キツい。

何度も腰を下ろして休憩をした。撮影をする気力もない。さっきまでいた宮之浦岳が霧の隙間から見え隠れした。

霧が晴れたと思うと宮之浦岳の山頂は雲の中に隠れていた。

息が上がる。

なぜこんなところまで来てしまったのだろう、と嘆く気持ちが大きくなっていく。

帰るわけにもいかないし、進むしか方法はないことはわかりきっている。

太陽はすでに永田岳の陰に隠れ、その影響かちょっと不安な気持ちになっていた。やっとの思いで山頂に到達したのは十七時近く。永田岳の陰から脱出し、太陽の光を感じることはできたが、太陽を見ることはできなかった。

雲の向こうで太陽は水平線の奥に隠れようとしていたに違いない。霧に包まれ尾根が薄ら見えるくらいの視界の中、人がいるはずのない時間に僕の姿を見た鹿が驚いて「ヒュー」と鳴いて逃げていったようだ。

鳴き声の聞こえた方向を見ても鹿の姿は見えなかった。

しばらくボーッと眺めていると少し移動した尾根の向こうに鹿の姿を見つけた。好奇心旺盛で、間もなく日が暮れようとしている時間に、こんな場所で人間を見るのが珍しかったのであろう。僕と鹿はじーっと見つめ合ってしまった。

山頂には一戸建てほどの大きさの岩が幾つか積み重なっていた。

鹿之沢小屋方面の歩道がやや不明瞭だった。獣道のような踏み跡が見られた。

ここで僕は二つの選択を迫られることになる。

写真集『山岳島_屋久島』より

鹿之沢小屋に向かうか、ここに留まるか。薄暗くなってからの行動は避けるべきではないか。懐中電灯があるから、そのまま小屋に向かうことも可能である。不慣れな暗い道を疲れた身体で懐中電灯の明かりを頼りに歩くことはリスクが大きい。しかし、テントを持っていないし、今回の装備は野営をすることを想定していない。十一月の二〇〇〇メートル近い永田岳で一泊のほうがリスクがあるのでは……。

ここは雨の多い屋久島である。迷った結果、山頂にビバークすることにした。幸い水は焼野三叉路で確保してきている。

焼野の水場は歩道から少し離れたところにある。稜線上の水場なので水量は豊富とは言えないが、水を補給することができる。

説明が遅れたが、屋久島は登山道のことを歩道と言う。歩道と聞くと優しい道のように思えるが、言葉のように優しくはない。なぜ歩道と言うようになったのかはわからない。

話は逸れるが、僕は写真を始めた頃、南アルプスで水がなくて一晩過ごした経験がある。真夏の登山。一緒に登った友人二人は昼過ぎにはリタイヤして下山していった。

僕は水を持たずに一人で山頂を目指した。

あの時の喉の渇きは耐えがたいものであった。力を付けようと前の晩に遠山ジンギスを食べたことも手伝って今までに経験したことのない喉の渇きだった。

夏休み開けに、早々に下山した友人二人と再会し、あの日のことを報告し合った。

二人もかなりディープな経験をしたようだった。話をよく聞くと、下山はしたが、やはり登山道入り口まで辿り着けず一晩川岸で野営をすることにしたという。一人は自衛隊経験者で野営は慣れており、夜の帳がおりるころにはすぐに眠ることができたらしい。もう一人は初めての経験だったようだ。

街灯も月明かりもない真っ暗な世界、視力は役に立たず耳から入ってくる川のせせらぎだけの世界。

幽霊話が好きな人は聞いたことがあると思うが、霊的な現象が起きるときはテレビの調子が悪いときに発生する砂嵐のようなノイズ音が聞こえるそうだ。沢のせせらぎも聞きようによってはテレビのノイズのようにも聞こえてくる。

自分の手すら見ることができない本当の闇の中。自衛隊の友人は相方の声で目が覚

め奇妙な言動に驚いたという。なんと真っ暗な中、発狂寸前の声で、

「連れて行かれる、来ないでくれ！」

と叫んでいたのだ。さすがに自衛隊経験者、何事が起きているのか現場の状況を掌握しようと真っ暗な中、周りを見渡したそうだ。

空には満天の星。こんなに凄い星空は初めて見たと言っていた。まだ叫び続ける友人の次の言葉は「ＵＦＯ〜＃＄％＆'"＃＄％￥」。そんなはずはないと目線を友人がいるはずの地上に向けた。淡い緑の光が緩やかに強弱を付け、漂っているのが見えた。一瞬で状況がわかったらしく相方に「蛍だよ！（怒）」と言って朝まで眠ったそうだ。

そんな笑い話が展開されている中、僕は山の中で喉の渇きと戦っていた。この登山道には水場がない。山頂近くの小屋まで行けば水場があるのだが、そこまで僕は辿り着けなかった。わずかでチープで愚かなサバイバル知識を活かし、持っていたビニール袋を周りの木に覆い被せて木から発せられる水分を捕獲しようと試みたが一、二滴の水しか取ることができなかった。

持っているもので水分があるものは牛丼の真空パックだけ。温めればすぐに食べる

ことができるタイプのレトルトだ。

思わず汁をすすったが逆に喉の渇きを誘発した。よく熱中症にならなかったと感心する。大変な経験をしてしまった（笑）。

話がだいぶズレてしまったが、水がないことの恐ろしさを痛感した経験だった。

それ以降、山に入るときは水場のチェックは怠らないようにしている。その経験が活かされ、焼野の水場で水を確保していたのだ。経験は人を助けるとはまさにこのことだ。

同級生の不思議な経験とは異なるが、僕も永田岳で面白い山の現象を見ることができた。

太陽は西の彼方に沈んで、夜になるはずなのだが、再び空が明るくなり始めた。

「屋久島は西から太陽が昇るのか？」

とさえ思えるほどの明るさに一瞬なった。これは太陽が水平線の向こうに落ちたあと地球と大気の反射から再び僕がいる山域を照らし出す現象のようだ。数分の輝きに何が起きたのか理解するまでに少し時間が掛かった。

そんな一日のフィナーレを体験し、いよいよ一晩ここで過ごすと腹を決め、山頂の巨岩の奥にある祠に挨拶をする。

賽銭として置かれた小銭が散らばり、三岳の小瓶が数本あり、同窓会記念登山を記したものなどが祠の周りにあった。

これらのものが散乱しているとまでは言わないが整理されて置かれているようにも思えないバラバラ感は、風の仕業なのだろうか。

そんななかで祠に向かい自分が誰でなぜここにいるのか、そして一晩ここにお世話になると手を合わせて報告する。季節は十一月、標高一八八六メートル、テントは持っていない。ひと月に三十五日雨が降ると言われる屋久島。ここにいれば命に関わることにはならないとは思うが、今夜雨が降ったら辛い一晩になりそうだなと思った。

子どもの頃に見た映画「正職の碑」のクライマックスが思い出された。

僕の通っていた小学校は年に二度ほど体育館で映画鑑賞会をやってくれた。

風雨にさらされ、息を引き取って行く生徒たちを抱えながら先生が「この子たちは私の命だ〜!」と叫ぶシーンだ。

しばらくその名シーンはひょうきんな同級生によって演じられパロディーとしての

記憶にすり替わってしまっていたが、現実に自分がそうなるかもと思うと肝が冷えた。

そんな回想を巡らせながら、今日はもう歩かなくていいことに気が付くと急に腹が減ってきた。腹が減ると悪いことばかり考えてしまう。そう思い夕食を取ることにした。メニューはお決まりのインスタントラーメンとアルファ米だ。

準備をしながら僕は賭けをすることにした。

もし、今夜雨が降ったら屋久島をテーマ立てて撮影することはやめよう。雨が降らなければ、もう少し島を撮り進めてみよう。

湯を沸かしながら宮之浦岳を見ると雲が湧き山頂は見えなかった。今にも雨が降りそうな気配を感じた。

雨を凌ぐためにはどうしたら良いか。さすがに祠の前に寝転がるのは忍びない。

賭けには負けそうだなと思いながらラーメンをすする。登山中の山のラーメンは水の量を少なめに作る。味を濃くして食欲を刺激するのだ。

ただし、水が豊富な時にだけにしたほうがいい。少なめにしながら水が豊富というのも[illegible]話だが、濃い味は喉の渇きを誘発し、水をたくさん飲みたくなるからだ。

俺の屋久島は山だ！

「賭けに負けたらどうしよう」

と考えているのは未練があるからだ。

でも、自分の屋久島を見つけることができなければ撮り続けるわけにはいかない。もっと力を付けてから再チャレンジするのか……。

写真家として生きていくには絶対的な必殺技を身に付ける必要がある。ウルトラマンのスペシウム光線、仮面ライダーならライダーキック、そのキャラクターを代表する技のことだ。「秦と言えば○○」。先輩はそのことを伝えたかったのだし、充分理解している。

ラーメンとアルファ米を食べ終わる頃、懐中電灯がないと何の作業もできないくらい暗くなっていた。不思議なもので懐中電灯を付けると手元の作業はできるが遠くを見ることができない。だから、片付けが終わると懐中電灯を消して宮之浦岳を見る。

さっきまで重たい雲に隠れていた山頂が顔を出していた。雨雲だと思っていた雲は通り過ぎ、満天の星が広がっていた。

これはチャンスと思い永田岳山頂の岩の上にカメラを持って登った。もう賭けのことなど忘れて夢中になって星の撮影をした。田舎で見る星空も綺麗だが、永田岳の山頂で見る星空も最高であった。何時間も撮影した。

気が付くと東の空が薄らと明るくなり始めていた。下界は雲に覆われ、雲海の上に自分がいることがわかる。屋久島になぜ雨が多く、隣にある種子島は雨が少ないのか。その理由は黒潮が運んできた湿った空気が屋久島の高い山にぶつかり、気温が低い上層に持ち上げられ、冷えた空気とぶつかって雲を作り、雨となるからだ。種子島は高い山がないから、この現象が起きにくいのである。

あの雲の下で雨が降っている。

知識として知ってはいたが、見るのは初めてだった。自然のメカニズムを垣間見た瞬間であった。

そして黎明の時を知らせるかのように東の空や雲海が紫から朱へ変わっていく。その姿はとても美しかった。

「これが俺の屋久島だ！」

先人の写真家たちは屋久島の森に着目しているが、山に焦点を合わせた表現は少なかった。

「俺の屋久島は山だ！」

小躍りしたいほど嬉しかったが、一晩野外でジッとしていたので身体が冷え切っておりジャンプすることができなかった。

結局、この山行では雨は降らなかった。この島を撮り続けることを屋久島が許してくれたと思えた。ドラクエのレベルが上がったときの効果音が頭の中で響いた。

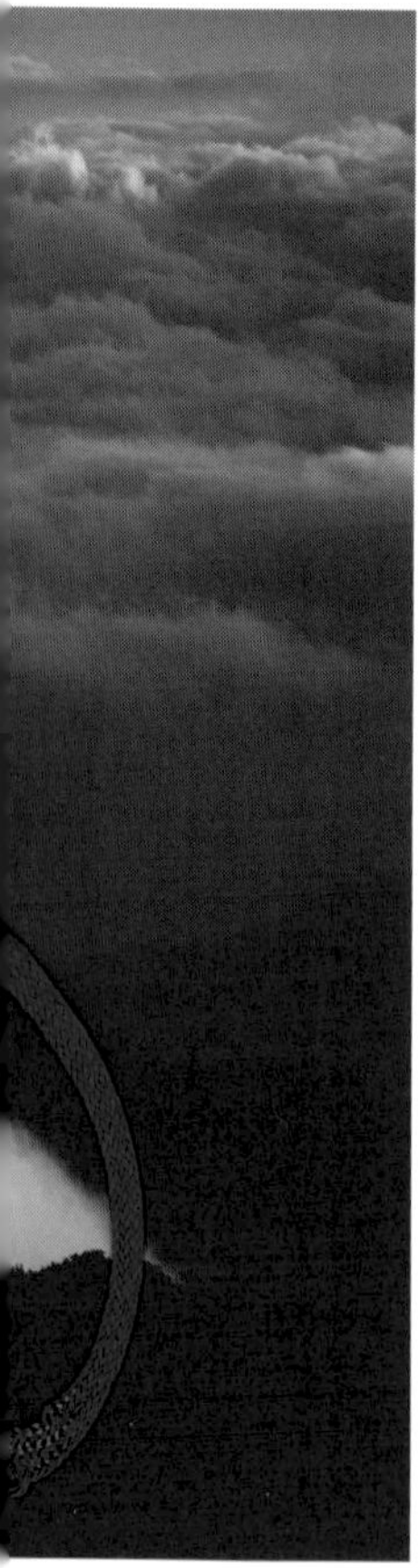

写真集『山岳島_屋久島』より

厳冬の山でたった一人の夜

南国鹿児島に雪が降る。

まことしやかに噂される実話。それは屋久島のことである。標高が二〇〇〇メートル近くあり、寒冷前線が南下し、条件が整えば雪が降るのだ。

話では、一晩で二メートルも積もることがあると言う。それは眉唾だとしても屋久島の雪を見てみたい。あわよくば撮影したい。そんな思いで二月の屋久島に渡った。

装備は完全に冬山仕様である。当時流行し始めたGPSも購入した。緯度経度の数字だけが表示されるものではなく、地図が出るタイプのものだ。

山ノ瀬のおやじさんの話では、淀川口からの入山は危険が多いから荒川口から縄文杉経由で入山するほうが良いとのこと。なぜなら所々にある階段、淀川口方面は段差が大きく、滑って足を隙間に落とすと骨折する可能性が高いからということだった。

どこの木道も雪や霜が付くと滑りやすい。だから木曜から土曜の試験は受けないほうがよいとよく言ったものだ（笑）。

そのほかに稜線に出る手前の歩道がつるつるの氷に覆われて登れない場所が数カ所ある。これは数年後に自分で確認した。雪の縄文杉も楽しみなので迷わず荒川口からの入山を決めた。

冬の大株歩道は空いていた。空いているというより誰にも会わなかった。ハイシーズンは一日二〇〇〇人以上が入山する人気コースである。すれ違うだけでも苦労する。二〇〇五年当時はすでに登山道の整備が進められていたが、現在のように全てが木道になっているわけではなかった。今思えば懐かしい。

天候は曇り時々雨といった感じのお決まりのパターン。稜線上は雪になっている雰囲気だった。

初日は高塚小屋に宿泊。縄文杉に一番近い小屋だ。今現在は三階建ての小屋になっているが、この頃は二階建てのコンクリートブロックで作られた簡単な小屋で、カビ臭く湿気がこもった薄暗いところだった。

いつもは誰かしらと場所の譲り合いをしなければならないのだが、今回は一人で自由に使用できた。十六時半を過ぎる頃には森は暗くなり、完全に暗くなる前に夕食を済ませ寝袋に入る。明日は稜線まで登り、宮之浦岳を代表とした雪をまとった奥岳を撮影したい。

夏はネズミの心配をしなくてはならないが、厳冬のこの季節は大丈夫なようだ。少し興奮しているのか寝付けないのでラジオを付ける。砂嵐のようなノイズの中に韓国語のような声が聞こえる。チューニングのダイヤルを回し続けると日本語が聞こえてきた。

初めて聞く声だし、番組の内容も今の自分にとって重要なことを伝えてくれているわけでもない。天気予報でも流れてくれたらいいのにと思って耳を傾けた。

小屋の中はもちろん真っ暗で、風がときおり森を抜けて行く時のザワザワした音が外から聞こえた。この森に人間は自分しかいない。その贅沢を味わえることの幸せ。逆を言うと孤独であり、なぜここにいるのか、と考えてしまう。もし何か身の危険があったとき、僕を助けてくれる人はいないし、遭難しても救助を呼ぶ手段もない。闇の中で寝袋にくるまり安堵を得たことで本当に一人なのだと実感してしまった。

そんな中、ラジオから流れてくる日本語には一生懸命さがあり、闇の中にいる僕に一人ではないと思える元気を与えてくれた。

寝返りを打ち、姿勢を変えたあたりから記憶がなくなり、目覚ましが鳴った。ラジオはオフタイマーにしてあったので音もなく床に転がっていた。

抱いて寝たヘッドライトを寝袋の中で探す。頭を寝袋に突っ込みゴソゴソすると闇の中で小さな光が見える。目の錯覚かと思えるが、静電気である。わずかな閃光だが美しい。全身が静電気に包まれているからなのか、ビリッとする感覚はない。

寝袋のファスナーを開けないまま半身だけ起き上がる。凍らないように一緒に寝たペットボトルが寝袋の中で転がり、お尻のあたりで止まる。ヒヤッとはしないがジンワリと腰に冷たさが伝わってくる。

もぞもぞと寝袋から顔を出してヘッドライトを頭に装着しライトを付ける。自分の息がライトに照らされ周りが見えない。

ファスナーを開け上半身だけで背伸びをする。背中から二の腕に掛けて冷気が一気に伝わってきた。これからが戦いである。

昨夜作っておいたサーモスの中のお湯でインスタントコーヒーを飲む。

まだ、半身寝袋の中だ。自分の息とコーヒーから立ち上る湯気がヘッドライトに照らされて一瞬ホワイトアウトのようになる。

かなり冷え込んでいることが視界からもわかった。

写真集『山岳島_屋久島』より

厳しき冬山の世界に心躍らせる

登山靴の靴紐が針金のように凍っている。

このまま結ぶと折れてしまうのではと思えるくらいだ。厚めの靴下を履いているが靴に足を入れると背中まで冷感が伝わってくる。

靴紐を結び終わる頃にはその冷感はなくなっていた。

まだ暗いが出発。今日はどこまで登れるだろうか。可能ならば宮之浦岳まで行きたいと淡い期待を持っていた。

森の様子はヘッドライトで照らせる範囲しか確認することができない。雪は止んでいるようだ。

相変わらず息が白く立ち込めて、子どもの頃「ゴジラだ！」といって白い息を「ボーッ！」と吐いて遊んだことを思い出す。ゴジラは憧れのキャラクターだった。

欲望のまま行動する子どものような自分だが、自分の息が放射能だったらえらいことだと苦笑する。笑う自分に、こんな自分でも大人なのだろうかと、また苦笑する。

太陽が登り始め、僕がいる尾根の隙間も明るくなってくる。

視界が利くようになり、森全体が冷蔵庫のようになっていることに驚いた。エビのシッポがありとあらゆる木にまとわりつき美しかった。

「これが屋久島の厳冬の姿か！」

心が躍り、早く稜線に出たいと思った。なぜなら森の中では枝葉が霧氷の重さに耐えきれず頭を垂れ、美しい樹形ではなかったからだ。

新高塚小屋に着く頃にはすっかり明るくなっていた。足跡はなかったが歩道はハッキリしており、道に迷うことはなかった。新高塚小屋は大きなデッキがあり、白の四角いパンケーキのようだった。水場も雪で覆われており、中を覗くとちょろちょろと水が流れていた。

ここまでは順調に来ることができたが、この先は歩道の入り口を探し出すことすらできないほど雪が積もっていた。しかも、雪と霧氷の重さで頭を垂れている枝のお陰で歩道の形跡すらわからない。目印の赤いテープなどの存在も確認できなかった。

何度も通った歩道だが夏とは全く違う道になっていた。

そんな時の対応として枝を折りながら森を進んでいく。木にダメージを与えないように枝先数センチを折る。

帰り道がわからなくならないように細心の注意を払っていたつもりだったが、この行為が自分の身の危機を呼び込むことになるとは想像もしていなかった。

前日と違い、今日の天候は快晴。

第一展望台から宮之浦岳がクリアに見えるはずだ。気持ちだけが前のめりになるが進む速度は上がらない。その代わりに息だけが上がっていく。

引き続き森にダメージを与えないように枝先だけ小さく折りながら進んで行く。振り返ると自分の足跡がくっきり残り、帰り道がわからなくなることはないだろうと思えた。しかし、これも大きな間違いだった。

途中、樹間から覗き見た宮之浦岳が美しかった。

写真集『山岳島_屋久島』より

もしかして、遭難しているかも⁉

ここまで来るのにこんなに時間が掛かってしまったのかと途方に暮れる。

第一展望台まで夏ならば四十分程度である。時間が掛かっても一時間といったところ。途中、撮影をしているからコースタイムで登ることはないのだが、第一展望台に着いた頃には太陽は頭の上まで登っていた。しかし天気は快晴。前日の天候が嘘のようで最高の撮影日和。気温はグングン上がりヤッケはすでに脱いでいた。

額から流れる汗を止めるためにタオルを鉢巻き代わりにする。タオルを絞ると雑巾を絞った時のように汗が流れ出た。衣類は自分の汗でビッショリ濡れている。まだ時間は早いからもう少し上に行ってもよいと思ったが、目的の雪をまとった奥岳の撮影ができたので小屋に戻ることにした。

穏やかな天気で山々が美しく見えていた。後ろ髪を引かれるとはこのことか。でも、それくらいがちょうどいい。また来たらいいと自分に言い聞かせる。

雪は湿り気を帯び重たくなっていた。ラッセルというほど雪は深くなく、ときおり落とし穴のように足が雪にハマる程度だった。しかし、五メートルに一度はそんなトラップがあった。この先が思いやられる。

天気は崩れる様子もなく気温は高い。普通なら快適な森林トレッキングのはずなのだが下山を始めてすぐに森の変化に気づく。

心臓が大きく力強くゆっくりと「ドクン！」と動くのがわかった。

それから高回転で激しいポンピング運動に変わる。首を通って頭に流れる血液の動きが肌から伝わってきた。顔の内面圧力が高くなる。きっと顔は真っ赤になっていただろう。そして血圧は普段の倍以上まで上がっていたと思う。暑さでかいていた汗が冷や汗に変わった。

僕は焦った。

その訳は自分のトレースが消えていたからだ。気温の上昇と共に樹々についた雪やエビのシッポが落ち、雪は降っていないが林床は雪に覆われてしまったのだ。

目印代わりに枝先を折って進んできたのだが、雪の重みがなくなった枝葉は大きく背伸びをし、元の樹形になっていた。ちょっとだけ折った枝先など見分けが付くはずもなく。僕は完全に帰り道を見失っていた。

こんな時のためにハンディーGPSがあるじゃないかとセンサーを見た。当時のGPSは精度が悪く、絶対この尾根にいるはずがないという場所に自分がいた。名誉のために補足するが、人工衛星の数も種類も少なく、地形が入り組んでいる場所では一〇〇メートル単位で誤差が出るのはあたり前の時代である。

現在のハンディーGPSならば誤差は五〜十メートルくらいのはず。スマホのGPSですら、それくらいの精度があるのではないだろうか。

だから、GPSを見ると逆に不安になって行動が鈍るのでザックにしまい込んだ。

一つだけ安心材料としては、まだ太陽が高く日没までに余裕があること、ルートさえ確認できたら大した移動距離ではないことだ。そして早めに切り上げたことが好判断だった、と自分に言い聞かせた。

少しでも安心できる要素を自分で確保したかった。安心したいというか落ち着きたかった。今やるべきはルートの確保の前に心拍数を平常に戻し、冷静になることだ。

屋久島は年に数名、山から帰ってこない人がいるらしい。

今自分が置かれている状況は、その数名になりかけていると自覚した。登りと下りでは森の姿が全く違っていた。これは夏山でも同じことがあり、行きと帰りでは道中の印象が大きく違う。それに加えて頭を垂れていた樹々は背を伸ばし歩道が雪で埋ってしまい進むべき方向が全くわからない。

正規ルートを外れているらしく目印の赤テープすら確認できなかった。

視界は良好、当時の僕は視力が良く、遠くの人工物をすぐに判別することができた。でもこの時は赤テープを見つけることはできなかった。

山で迷った時の鉄則は谷に入って行かないこと。しかし、一時間も森を彷徨っていると不思議な感覚に心が支配されていく。それは、この谷を下って行けば林道に出られて林道を下って行けば人里に出られると錯覚してしまうのだ。

この時、遭難する人間の心理を垣間見た気がした。

知識として谷に入って行かないと自覚があっても、彷徨っているうちに「下れば楽になる」と足が谷に向かって勝手に進んでいるのである。藪の下りは傾斜をぴょこっと越えるだけでとても楽な行為なのだが、登り返すのは至難の業である。藪が返し針のように身体に引っ掛かるからだ。引っ掛かるだけならいいのだが、板バネのように下に押し戻す。いや押し戻すというよりも跳ね返すと表現したほうが合っている。実際、何度か跳ね返されて転げ落ちた。これを乗り越えるときのパワーは下りの何倍も必要になる。汗が大量に出る。

下ってしまったことを後悔する気持ちとルート回復できない焦りから喉が渇く。なぜ下ってはいけないのか。屋久島は円錐状の島で下れば必ず海岸に出るし、公開はされていないが無数に林道が走っているから、下っていくことで林道に出る確率はある。でも、これは運が良ければの話である。林道よりも圧倒的に沢の数が多く、下れば必ず沢にぶち当たる。その先には滝があり、断崖絶壁がある。

そこを下るには登攀技術が必要になる場所もある。沢を横切らなくてはならない地形もあるはず。小さな沢なら問題ないが人間は膝より上になる流れの中では一人で行動するのはとても難しい。

屋久島は花崗岩でできており、トラックや家屋ほどの巨岩で沢が作られている。その隙間を水が流れる。そんな沢に流されると岩の下に引きずり込まれて這い上がることができなくなる。遭難して身体が見つからない人のほとんどは沢の巨岩の下に飲み込まれていると僕は想像している。

氷河や残雪ではないため春がきたら見つかるとか数十年後に骸が現れることはない。谷に向かうことは絶対に避けなければならない。

その前にこの山域には林道が存在しない。わかっていながら、いつの間にか谷に向かって進んでいるのである。そして我に返り再度尾根に向かって歩く。それを何度も繰り返した。登れそうな木があれば登って峰の形を確認し、進む方向を確認した。

人間はいざとなれば何でもできるものだと自分に感心した。

持っている水がなくなり、お湯の入っているサーモスに雪を詰めて水を確保した。ほこりっぽい味のする水だ。さっきまで湯気が出るお湯だったのがキンキンの冷水に変わった。喉が潤った。すぐに飲み終わり、二回目にチャレンジしたがサーモスの中で雪が溶けることはなかった。

サーモスとは魔法瓶の商品名である。冷え切った魔法瓶の中では雪は雪のままなのだ。数滴ずつ流れる沢を見つけペットボトルに水を入れた。ペットボトルが満たされるまで待ちきれず一、二センチ貯まったら雪を入れて歩き始める。

太陽が傾きだしていた。

ペットボトルを片手でシェイクするが雪は溶けなかった。良くない状況になっていることが理解できた。身体は汗でずぶ濡れになっている。今夜このままビバークとなった時に雪洞を掘れる程の雪はない。今は暖かいが、夜の気温はマイナスとなるだろう。この状態で一晩やり過ごすことは非常に厳しい。

遭難とは、怪我などをしていなくても、人の手を借りなくては下山できない状態のことを言うらしい。人の手を借りたくても人などどこにもいないし、連絡のしようもない。僕は遭難し掛かっていた。

「必ず帰る!」

改めて自分の身体を確認する。怪我はしていないし痛いところもない。心も折れていない。いざとなれば機材をデポして下山しよう。頼りにならないけどGPSでポイントをしておけば、明日体制を整えてピックアップに来ることができると考えた。

そんな中、木立の下に石仏のような岩が目に付いた。その木立は雨から石仏を守るようにちょっとした祠のような形をしていた。まるで人が作ったかのような整った形をしている。思わず手を合わせた。

僕は宗教家ではないが、神社やお寺にはよく出掛ける。お賽銭も用意する。この時は持ち合わせがなかった。お参りの時、僕はお願いをしない。自分が誰で何をしにきたのか報告するだけにしている。しかし、この時はお賽銭もないのにお願いをした。

「無事に帰還できますように！」

ひと息入れると、何となくルートを回復できるような気がした。デポをするのを止めて再びザックを背負い歩くことにした。

樹間から見える空はまだ青かった。しかし、今朝見た爽やかさは消えていた。僕のいる森は暗さをまとい始めていたのだ。厳冬期の日没は早い。太陽が西に迫っていることがわかった。

石仏から数分歩くと赤テープらしきものが見えた。急いで駆け寄りたかったが、走る元気はなかった。赤テープらしきものがある枝にゆっくり近づく。両手で包み込むように掴み確認した。ルートを回復したと確信できた。

膝を付き、赤テープを掴んだ両手を額に当てた。その先には雪の上に消えかかっている足跡が見えた。恐らく僕の足跡だろう。しばらく進むと千羽鶴が朽ちそうな姿で置いてあった。樹間から屋久島の山々を見ることができる場所だった。

千羽鶴は新しくもないが古くもなく、雪が降る前に安置されたもののように見えた。奥岳は見えないが山々が見渡せる場所だ。

僕の想像だが、山で遭難した家族を思って親族がここまで登ってきたのであろう。山頂まで行くことを諦めて、ここに千羽鶴を安置し、お別れして帰ったのではないか。行きにこの千羽鶴を見つけていれば、僕は道に迷うこともなかったのかもと思えた。

山では人を誘い込む御霊もいるらしい。それは同じ目に合わせようとするのではなく、淋しくてしかたないからなのだろうけど。

「とりあえず小屋に戻るよ」

と手を合わせてその場を離れた。

写真集『山岳島_屋久島』より

夢か？　現実か？

高塚小屋に着く頃には日が落ちて真っ暗になっていた。

とりあえず飯にしようと思ったが、水がない。ここの小屋の水場は縄文杉まで行かないとない。片道十分程度の距離である。しかし、真っ暗になった外には出たくない。でも、水がなければ飯の準備をすることもできない。

そこで予備のヘッドライトを小屋の中に着け、扉を開けっぱなしにし遠くからでも小屋がわかるようにして水袋だけを持って出掛けることにした。

ザックのない身体は軽く走るように歩き、あっという間に帰ってきた。

身体が軽いのではなく恐怖から逃れたい一心だったのかもしれない。水さえ手に入れることができればこっちのものといった感じで湯を沸かす。

コッヘルの蓋が床に落ちる乾いた金属音とフォークがコッヘルに擦れる音。ラーメンの袋のカサカサという音が心地よい。

ガスバーナーに火を入れ、青白い炎が小屋の壁を照らす。ゆらゆらと揺れるコッヘルの影と「ボー」というバーナーの燃焼する音も心地よい。わずかではあるがほんのりと室温が上がる。特に顔は温度に敏感で火照る感じすらあった。

アルファ米にお湯を注ぎ入れ、続いてインスタントラーメンを作った。手際や整理など関係なく無人の小屋を我が物顔で広く使い、調理した。調理といっても湯を沸かし容器に入れ、鍋でラーメンを煮るだけなのだが。

食事の準備が整い、燃料節約のためにバーナーの火を消す。その瞬間に小屋の中は影でいっぱいになりヘッドライトが照らす範囲しか見えなくなる。そして、無音という音が響き渡り、心の底にあった恐怖心が顔を出す。

実はあの千羽鶴は夢の中の話ではないだろうか。あの石仏の場所で疲れ切って眠ってしまい、今夢を見ているのではないだろうか。そう言えばさっき煮えた湯が手に掛かっても熱く感じなかった。やっぱり夢の中にいるのでは、と疑心にとらわれていた。

ラーメンを煮た鍋に口をつけると下唇を火傷した。

ヘッドランプの調光を最大にしてラジオをつける。昨夜とは違うパーソナリティーが元気な声で喋っていた。

自然と涙がこぼれた。僕は生きてここにいる。夢ではない。食事が済んだら目覚ましを掛けずに寝袋に入った。ゆっくり眠りたかったから。

次の日、僕は下山した。そもそもそういう予定だった。下山した夜、月明かりの「千尋の滝」に出掛けた。もう少し撮影をしたかったのだ。ここは駐車場からすぐの場所にあるので労せず撮影ができる。撮影の準備を整え車のドアを閉める。車の室内灯が消え、灯りは僕の懐中電灯だけになる。その時に僕は初めて気が付いた。

闇が怖くなっている。

「トラウマというやつなのか?」

わずかな距離だが森の中に入っていくことができなかった。人間にダメージを与える動物はいないからと自分に言い聞かせるのだが、前に進むことができない。結局その日は撮影を諦めた。

そんなことがあったのだが、東京に戻りすぐにニュージーランドロケに出発した。

写真集『山岳島_屋久島』より

異国の島で気づいた異変

屋久島から戻り、すぐに自費の貧乏取材に出た。

旅先はニュージーランド。屋久島に出掛ける前にすべての手続きを終えていた。手続きといってもエアチケットとレンタカーの手配だけで宿は予約していない。現地ではキャンプをしようと思っていたからだ。

当時の僕は知識がなく、キャンプは適当に湖畔ですれば良いと考えていた。ニュージーランドは美しい湖が至るところに点在し、キャンプする場所には事欠かないというイメージだった。

飛行機に揺られ約十二時間。時差もなく体調も悪くない。

レンタカーはとっても古いトヨタ・クラウン。車中泊があるかもと思い、大きめの車を借りたのだ。このクラスはワンボックスやキャンピングカーよりも安い。

ニュージーランドは、幹線道路は舗装されているが、脇道に入ると砂利道になることが多い。気をつけないとスタックすることもある。その多くの原因はぬかるみと思われがちだが、実は溝と傾斜が原因になることが多い。

なぜかというと砂利道は轍が深いことが多かったり、舗装路と砂利道のつなぎ目が深い溝や段差になっていたりするからだ。この溝や段差がくせ者なのである。

車というものは実は片輪に車重が掛からなくなると前に進まなくなるように作られている。もう少し違う言い方をすると駆動輪の片方が浮いてしまうと地面に設置しているもう片方のタイヤに駆動力が伝わらなくなっている。

これは内輪と外輪の回転相違を吸収し、コーナー走行の安定を目的としてそういった仕様になっているのである。

そんな知識がありながらもスタックさせてしまった（笑）。

舗装路と砂利道の丁字路でのことである。そこには日本ではあり得ない段差があり、砂利道は下り坂になっていた。ここでUターンをしようと車をお尻から入れた。ガクンと車体が沈むような振動があり、マフラーを擦ったような音がする。

嫌な予感。

ギアをドライブに入れて恐る恐るアクセルを踏む。エンジンが唸るが前には進まず。今度は勢いよくアクセルを踏み込むとリヤタイヤが空転するだけだった。

ゴムが焦げる匂い。

通常このような場合はバックし、勢いを付けて乗り切るのだが、もし傾斜のついた砂利道にバックして、もっと悪い状況になったらどうしようと考えるとびびってしまいそれができない。

アクセルを踏むと白い煙とゴムが焼けた匂いが立ち込めた。意を決してバックギアにシフトチェンジし、後退を試みるが溝が深く後退することもできなかった。

万事休す。

こんなところでスタックとは恥ずかしい。ニュージーランドにJAF的なサービスはあるのだろうか。生憎、車は一台も通らない。それだけ田舎に来てしまっていた。

次の脱出方法は「前後ゆらゆら作戦」である。車はスタックしているが全く動かないわけではない。そこでシフトをセカンドに入れてタイヤが空転をする寸前でバックギアに入れて後進。また空転する前にセカンド。これを繰り返すと車が前後に大きく揺れる。そのタイミングをみて一気にアクセルＯＮで抜け出す作戦だ。

この作戦が見事成功して脱出できた。

そんな珍道中をしていると夕方になり、宿泊地を決めなくてはならない時間になっていた。食料はクライストチャーチのスーパーで買い込んだので充分ある。充分と言っても韓国製のインスタントラーメン、パン、フルーツ、そして水くらいなのだが。申し訳ないが、韓国製のインスタントラーメンがあまり美味しくない。麺がティッシュをよって作ったような食感で歯ごたえが悪く、スープの味もダシが利いておらずただ辛いだけ。日本製を探すが、今回は手に入らなかった。湖畔に車を停められそうな場所を探すが、なかなかない。

やっと良い立地の湖を見つけたときには日没の時間になっていた。辺りは暗くなり始め、食事の支度をするのにも懐中電灯がなければ作業ができない暗さだった。

そこで改めて気が付いた。

僕は暗いところが苦手になっている。

闇の中でも一人ではない

何とも言えない気持ちになり、慌てて運転席に座りドアをロックする。今の車では当たり前だが、運転席の鍵を掛ければ全てのドアの鍵が同時に掛かる。さすが古くても日本の高級車だ。ロックの掛かる音に高級感があり、四カ所から鍵が掛かる音が車内に響く。その余韻とも言える音が車内から段々小さくなって消えていった。

そしてその音の影響でより車内は静寂な雰囲気が強調されたようだった。

とりあえず腹ごしらえをしようと思い、スーパーで買ったビニール袋を助手席に置きゴソゴソと物色を始める。ここで高級車だったことがまたまた裏目に出てしまう。

ドアを閉めた直後は車内灯が点灯しており作業がしやすいのだが、ロックを掛けた数分後には車内は真っ暗になるのである。その消え方も高級感があり、パチンと消えるのではなくスーッと消える。

一生懸命に下を向いて物色している僕には暗くなった状況は認識されず、なんで手元が見にくくなったのか、といった感じでしか思っていなかった。

やっとの思いでパンを見つけ出し、何パンかな？と思った瞬間に車内灯が消えていることを認識した。それだけ闇夜に目は強かったということなのだと思う。パンをほおばる。マンガのようにパンが喉に詰まり水を飲む。

エンジンはガソリンがもったいないので掛けない。手を動かすとビニールが擦れる音がするが、自分が動くことを止めると車内は静かになった。

満天の星が広がる静かな夜だった。

このままどうしたら良いのだろうか。近くの街に宿を探しに行こうか。地図を広げても近くに街はなかった。落ち着かない。恐怖心というよりもただただ落ち着かないのである。落ち着かないときは撮影をするのが一番である。

こんな経験を先輩から聞いていた。

昔、手術の撮影の仕事でオペ室に待機していた。手術が始まるまではドキドキして落ち着かなかったが、手術がスタートし撮影を始めると自然と落ち着いたという。

その話とは関係ないが、アラスカでセスナをチャーターしたときのこと。

湖面から離着陸するタイプで飛ぶときにメチャクチャ揺れた。しかもパイロットは「昼飯も食べる時間がないんだよ」とコーヒーカップを片手に、サンドイッチを食べながら操縦しているのだ。

生きた心地がしないとはこのことで、その時に先輩からの手術の話を思いだし、ファインダーを覗き込むと自然と落ち着いた。

だから、今回もと思い、星の撮影をすることにした。そうと決めれば行動は早く、湖畔に三脚を立ててキヤノンEOS－1Vをセッティングする。

飛行機の重量制限があったので三脚は一本のみ。ここで誤算に気が付いた。星の撮影は一カット一時間〜一時間三十分と決めている。つまり、することは何もない。夢中で撮影するというよりも待つ時間が圧倒的に長いのである。露光中はカメラに光が入らないように全ての灯りは消すことにしている。

真っ暗な沈黙が続き、湖面から波の音がパシャパシャと聞こえてくるだけだ。落ち着かない。撮影を始めたから、ここを離れるわけにもいかない。幸か不幸か星空は綺麗だった。月はなく星明かりで対岸の山々の稜線が見えた。

湖の周りには車道はないらしく山と湖が見えるだけだ。

目が慣れてくると星が稜線の下にあることに気が付いた。なんであんなところに星があるのか。不思議でそこを凝視した。これは僕の推測だが湖畔には漁師小屋があるに違いない。

この闇の中、僕は一人ではない。

向こうの灯りの下には人がいて、この闇を共有している。きっと向こうの灯りの人は僕には気が付かないだろうけど、僕は闇の中、一人ではないのだ、と思うようにしたら落ち着いた。

さっきまでの不安な気持ちはなくなり余裕ができて南十字星を探した。

その後、ニュージーランドの村には必ずキャンプサイトがあり、シャワーやキッチンが使えることを知った。

でも、あの湖畔での経験がなければ今でも暗所が怖いままだったのかもしれない。

友人との屋久島

とても気の合う友人と屋久島に出掛ける約束をした。

大人になってから友人と呼べる存在はそう何人もいるわけではない。普段は一人で行動する僕だが、たまには仲間と行動するのも悪くないだろうと思っていた。

出発間際に友人から「もう一人連れて行きたいのだが」と打診があった。断る理由もなく、もちろんＯＫをした。今回の行程は、僕が撮影のために前乗りし、後日、空港で友人たちと待ち合わせをする計画だ。あの頃の僕は時間がたくさんあったのでサラリーマンの面々とスケジュールを合わせるよりも長く渡航計画を組んでいた。

撮影を終えて空港へ行くと満面の笑みの友人と三歩後ろを歩くような慎ましい雰囲気をまとった女性が一緒に現れた。

「えっ？ えっ？」

確かつい最近、夫婦生活を解消したばかりじゃなかったっけ、と喉まで出かかったが、ここは堪えて軽い挨拶をして淀川口へタクシーで向かった。

雨がしとしと降っていた。個人で動いている時に島でタクシーに乗ることはまずない。だから、タクシードライバーさんが持っている島情報を聞きたくていろいろ質問をした。「島の名物はなにか」「郷土料理は何が美味しいか」などだ。

初めて島にやってきた友人のためにも食に関する情報が欲しかった。しかし、帰って来る言葉はすでに知っているものばかりで僕にはつまらなかった。

屋久島の名物と言えば、首折れ鯖といって鯖を刺身で食べるものだ。鯖は足が早く関東では生で食べることはないが、鹿児島特有の甘い醤油と合わせて食べると絶品である。箸で持ち上げたときのクタッとした見立てとは裏腹に歯ごたえのある肉質で舌に触れたときのプリッとした感覚がたまらない。

屋久島は郷土料理と言えるものはなく、強いて言えばトビウオ料理くらいだ。姿焼きは淡泊な中に味わいがあってジューシーでうまみがある。羽根はカリッとしていてせんべいのようだ。あとは三岳という芋焼酎が絶品なのだが、お酒を飲まない僕にとっては重要なことではない。

タクシードライバーさんから聞けた話は、観光パンフレットに出てくるような答えばかりだった。それでも初めての人にとっては重要な情報であることには違いない。そんな会話をしていると淀川口に辿り着き、雨の中を淀川小屋に向かって歩いた。

今日は淀川小屋で一泊し、明日、宮之浦岳を経由して高塚小屋へ縦走し、明後日は白谷雲水峡に抜ける予定だ。白谷雲水峡には予約しておいたレンタカーが置いてある。

初めての三人の山行は楽しかった。何をするにしても会話があり、一人の悶々とする感じがない。常に風が通り気持ちがウキウキしてくる。

淀川小屋に着くと小屋の中でテントを張っている人がいた。沢上りのギアもチラホラあったので沢屋さんなのだろう。テントの近くには芳香剤の大きなボトルが2本置いてあったように見えた。テントはネズミ対策なのだろうか、声を掛けないでくれオーラがあったので話し掛けるのを止めた。

屋久島の小屋はネズミの巣窟と言っていいほどネズミが多い。

だから、食料はジップロックに入れてザックの奥にしまっておくのが基本。そんなことを友人たちに説明した。

明るいうちに夕食の準備に取りかかった。驚いたのは友人の料理スキルの高さだ。僕の食事はインスタント中心で空腹さえ抑えられたらいいといった感じなのだが、友人は焼くは、炒めるは、とキャンプ道具をフルに活用して食事を作っていた。その腕前と手際の良さに感嘆した。それを甲斐甲斐しくサポートする彼女が微笑ましかった。

いつも独りで自分勝手に行動している僕とは違い「モテるわけだな」と感心もした。この風通しの良さは彼のキャラクターのお陰だと思った。この日は早めに就寝した。

小屋はみんなが寝静まると運動会が始まる。コトコトコトと微細な振動が床から伝わってくる。振動の方向に懐中電灯を向けても何もいない。あまり照らしていると他の宿泊者に迷惑になるのですぐに消す。

寝袋の上を駈けていくものもいる。時には指先に髭が当たる。塩気の効いた指先を優しく舐めていったのだろう。足下に置いたザックの中で何かが動く気配がする。慌ててザックを確認するが何事もなかった。そんなことの繰り返しで朝を迎えた。当然眠りは浅く、寝不足の一夜となる。

早朝一番ですることは水くみ。淀川小屋の水場は隣に流れる川だ。水温が低く手を入れるとシャキッとして目が覚める。

水袋に水を詰め、小屋に戻ると僕らが寝ていた一面が水だらけになっていた。なにがあったのか聞いてみると床に置いておいたプラティパス（水袋）をネズミがかじったらしく、それに気が付かず持ち上げたら水がこぼれたらしい。

プラティパスは凍らせても茹でても破れることのない丈夫な水袋だが、それに穴を開けるとはネズミもやるものだと感心した。

そんなハプニングも笑顔が絶えなかった。被害はそれでは済まず僕のザックの中に入れておいたジップロックもネズミの小さな歯形がくっきりと付いており、顎の大きさがよくわかった。その跡は微妙にズレており2回目までは食い千切ることができなかったことを表していた。そして3回目に食い千切ったような跡になっていた。

ジップロックの中身はナッツとチョコレート。僕の今回の行動食を兼ねたおやつだ。

幸いにして中身への被害はなく、食い散らかした感じではなかった。ここまで苦労してなぜ食べていかなかったのだろう。疑問である。

写真集『Traces of Yakushima』より

プロポーズ？

雨は上がり、宮之浦岳を三人で目指すことにした。

とは言うものの撮影しながらの僕と、トレッキングメインの二人では歩くペースが合わない。二人には先に進んでもらうことにした。スカッと晴れるわけではないが、雨上がりの綺麗な空気で暑くもなく快適な登山日和といった感じである。

一度離れた距離は僕の歩くスピードでは追いつくことは不可能だ。どうしたものかと思っていたが、最終的には小屋で落ち合えるだろうから問題はない。そう思って宮之浦岳を越えて焼野三叉路までやってきた。

そこでは見覚えのあるザックが僕を迎えてくれた。どうやら二人は永田岳にピストンしているようだった。

ピストンとは同じ道を往復することを意味する。どうせ行って帰ってくるのであれば必要ない荷物はデポして身軽になったほうがスピードも上がるし楽だからだ。ちょうど休憩ポイントでもあるので僕はここで大休憩をすることにした。

しばらくすると二人がニコニコしながら帰ってきた。何とも爽快感溢れる顔立ちで、何かアニバーサリー的な場所に永田岳がなったような、そんな感じがした。

それを聞くほど野暮な性格ではないので、ここからは三人揃って新高塚小屋に向かった。多少のアップダウンはあるものの樹林帯に入り、光線状態も良くなかったので僕が著しく歩みが遅くなることもなかった。

新高塚小屋に着いた時間はまだ明るく、時間的には高塚小屋（縄文杉近くの小屋）まで行くことも可能だったが、小屋が混むと寝るスペースがなくなる可能性があるので広い新高塚小屋を宿泊地と決めた。

不思議なことにこの時の山行のことはこれくらいしか覚えていない。あとは縄文杉では雨だったことくらいだ。

何はともあれ楽しく、二人の思い出になったことは間違いない。そして、山でモテる男の姿を勉強させてもらった山行だった。実践はしないけど。

ネズミはザックで移動する

僕はネズミに関してある仮説を持っている。

どんな仮説かというと、ネズミは人間のザックを利用して移動をしている説である。

そう思ったのは宮之浦岳山頂でお昼ご飯を食べているときのことである。岩陰に動く物が見えたので観察しているとヤクシマヒメネズミがちょろちょろしていた。ちょうど昼時ということもあって山頂には登山者が数名いる中での出来事である。

撮影をするでもなく、しばらくネズミが現れた岩陰を観察していると登山者が落としたお弁当のカスを素早く持ち去る姿を見つけた。落ちたものを的確にゲットして岩陰に隠れていく。公園にいる鳩のように人を怖がっていない。大胆に人前に現れる姿はトムとジェリーを思わせる愛嬌があった。

しかし、そこで疑問が湧くのである。

このネズミはどこから来たのか。宮之浦岳の標高は一九三六メートルある。森林限界を超えるような高地なのでネズミの餌がある世界とも思えない。冬になれば雪に閉ざされる厳しい環境である。標高が下がれば森があり食料もある。こんな標高の高い場所に住み着く意味がわからないのである。

そこであくまでも僕の仮説だが、山小屋で登山者のザックに身を潜め休憩ポイントでザックから抜け出し、そこに住み着く。この考えは間違いではないと僕は思う。

このほかにこんな経験が僕にはある。

撮影に夢中になり、小屋に辿り着けずとある岩屋で一夜を過ごした時のことだ。ここでもネズミが現れたのである。あの時はビバークする予定ではなかったので諸々の装備を最小限にして山に入っていた。

辛うじてガスバーナーとコッヘルと水は持っていたので真っ暗な中、ヘッドライトの明かりを頼りに調理していた。

ヘッドライトのバッテリーの換えを持っていなかったので、調理が済んだら節約のためライトを消し、真っ暗な中で一人食事をした。何も見えない中で食事するのは味気ないものである。口こそ間違えはしないが食器を置く場所がわからなくて苦労した。

そんなことをしていると足下で何かが動く気配がする。ライトをつけて足下を確認するが何もいない。また暗くして食事をする。やっぱり足下で何かが動いている気配がする。

そこで食べ終わったアルファ米の袋を地面に置き、ヘッドライトを赤ランプに変えて気配がするタイミングで点灯してみた。

すると、ネズミがアルファ米の袋の周りをうろうろしているではないか。小さくて毛がフサフサしていてとても可愛らしい姿である。ペットにでもしてポケットに入れて持ち運べば人気者になれるだろう。

野生のものを飼い慣らすのは一苦労ありそうだし、コイツは僕の貴重な食料を横取りする悪戯者。この子に一晩まとわりつかれたら大変なので捕まえて遠くに放すことを考えた。

仕掛けは簡単で食べ終えたアルファ米の袋を地面に横にして置き、ネズミが入るのを待つのだ。中に入ったら袋の口を足で塞ぎ捕まえる作戦である。

登山靴で踏み潰さないように入り口だけを踏むのに少し技術が必要そうだ。

不思議なことにネズミは白いライトには敏感に反応するが、赤いランプには鈍感のようだった。

息を殺して赤ランプで足下を照らす。ネズミは足下にやってきた。アルファ米の袋を一周し、鼻で袋を突っつく姿が可愛らしかった。そんなことを数分繰り返し、やっと袋に全身が入ったので足で入り口を塞いで捕獲した。

捕まえたら袋の口を綴じた。袋の中で爪を立てようとしてもがく感覚が手に伝わってきたが二十秒もしないうちに動きが止まったので離れた森に放してやった。

また戻ってきて僕に仕返しをしないか、ちょっと心配ではあったが、その晩は静かに過ごすことができた。

こんな経験から人が休む場所には必ずネズミがいる。人が出す残飯が餌になり寄ってくることは理解できる。

人を恐れない姿や環境のことを考えると人の背負うザックを利用して島を旅するネズミがいてもおかしくはないと思う。

写真集『山岳島_屋久島』より

誰もいないのに感じる視線

ネズミの後はネコについて少しお話をしたいと思う。

安房という屋久島で二番目に大きな街の港近くにあるトイレ付きの駐車場での一コマである。

どこのスーパーも閉店間際になると弁当が安くなる。それを目当てに買い物をする。まだ、その頃は定宿を持っていなかったので、車中泊をしようと思っていた。

すっかり暗くなり、街灯が静かに駐車場を照らしていた。蚊もいない季節なので駐車場の脇のブロックに腰を下ろし、お弁当を食べることにした。

こうやってここでご飯を食べる人は珍しくないのであろう。お弁当を袋から出すとどこからともなく黒猫がやってきた。

おこぼれを恵んでもらう魂胆のようで、久しぶりに出会った友だちの前に現れるような感じで僕を警戒するといった態度はいっこうに見せなかった。

自分が飼っていない動物に餌をあげることは問題だと考えているので、すかさず猫を追い払った。僕を恨めしそうに見るわけでもなく、姿はすぐに見えなくなった。

ときおり車が通り、ヘッドライトが辺りを照らすが静かな駐車場だった。

しばらくすると視線を感じるのである。その先に目を向けても何もない。人の気配すらない。気のせいかと思い、まだ途中のお弁当を食べる。

でも視線を感じる。視線を感じる方角を注意深く見る。

街灯の明かりが届くギリギリの際に何か凹凸が見えるような気がして凝視する。二つの小さな光がときおり瞬きするのがわかった。先ほどの黒猫が座って僕を見ていた。

黒い身体は夜の暗さの中、迷彩色になり闇に溶け込んでいた。もし、これが大型肉食動物であったら僕が弁当を食べる代わりに、僕が食べられていたのかもしれないと思った。

その姿にお弁当を少し分けてあげようかと思ったが、最後まで自分で食べてゴミはレンタカーの中にしまい込んだ。

どうせなら屋久島で

皆既日食　二〇〇九年七月二十二日
金環日食　二〇一二年五月十二日

二〇〇九年七月、日本で日食を見ることができる。正月早々からどこで日食を見ようかと話題になっていた。日本の陸地から見られる日食は四十六年ぶりということでマスコミも大きく煽っているようだった。

日本の陸地からと表現すると東京でも北海道でも日食が見られるような気がするが、全国で見られるのは部分日食で皆既日食となるのは奄美大島北部からトカラ列島と範囲は狭い。

トカラ列島とは南西諸島の鹿児島に近い島々のことで、具体的には奄美大島から屋久島、種子島の間にある十二の島々のことを指す。

屋久島は今回の日食にドンピシャの位置に属している。

トカラ列島というとある先輩のことを思い出す。

自然風景を撮る写真家の認識はなかったが、妙に日食にこだわっているようで僕にその話をよくしてくれた。レンズの話や撮影地の話。トカラ列島もその先輩から聞くまでは記憶の外にある場所だった。その先輩とはある協会で同じ委員会に属していたので月に一度会っていたし、これからの写真人生で末永くお付き合いする人だと思っていた。

しかし、委員会の日に訃報が報告された。冗談だと思った。遅刻することを誤魔化すための冗談だろうと。委員会が終わる頃にひょっこり現れるのではないかと思っていた。

そんなこともあり今回の日食は特別なものになってしまった。

日食現象は晴れていないと見ることができない。つまり、雨の多い屋久島は観測には不向きなのだ。どうしても日食を見たいとなれば晴天率の高い場所をチョイスすることが重要である。

写真家は成果報酬のような仕事だから撮れなければ意味がない。写真家たちに話を聞くとやはり晴天率の高い別のトカラ列島の島に行くという話が多く聞かれた。なかには撮影ツアーを企画して費用を浮かせ、一儲けしようと企むカメラマンもいるくらいだ。それも良い案だなと思ったが、僕は日食現象を撮影したいのではなく屋久島で昼間がなくなることを体験したいと思っていた。

たとえ日食が見えなくても屋久島の山で、その時間を迎えることができたら、貴重な経験になるはず。

日食は、古くは天照大神が天岩戸に隠れたことを模写した話ではないかと言われているし、日食の時間は鳥が騒ぎ立てるとか、逆に静まりかえるとか、気温が急激に低くなるとか、昼なのに暗くなり神秘的な世界が広がるなど、日食経験者の話を聞くとワクワクが止まらなかった。

屋久島渡航のチケットは節約のため東京－鹿児島間はマイレージで取るようにしている。だからカード決済ができる携帯電話やＥＴＣの支払いなどはすべてＪＡＬカードで行っている。その甲斐あって年に数回はマイレージで飛ぶことができる。そんなことでマイレージのエアチケットが取得できるタイミングを待った。

ところがマイレージ予約開始のタイミングでは日食現象が起こる七月二十二日前後の飛行機は取得することができなかった。もちろん帰りの便も取れない状態だ。節約のためとはいえ出遅れた感が否めなかった。しかし、そこはフリーランスの写真家。日食の一週間前から入島する余裕の計画を実行することにした。

つまり仕事がない暇な自分は混雑するタイミングよりも早く島に入ってのんびり過ごす計画にしたのだ。帰りも当然ずらして島には二週間ほど滞在する。

この頃の屋久島取材は一回の渡航で二週間ほど撮影していた。概ね山小屋で過ごしていたので宿泊代も掛からず、都内にいるより生活費は安く上がったように思えた。

島に渡ってからはどこで撮影するのがベストか、といろいろと考えた。

日食の時間は正午前後であるから太陽は真上にあり、島の北側の谷に入らなければどこでも見ることができるようだ。しかし、日食の日の天気予報は「雨」。移動のことを考えると海岸線にある車道での撮影が望ましい。

でも、やっぱり山の中で日食を体験したい。

一番に考えたのが宮之浦岳だが、太陽高度が高くて地表物と日食を写し止めることは難しく、屋久島の雰囲気を写真の中に取り込むことが難しい。何より山頂まで五時間ほど掛かるから現実的ではない。

山頂に個性的な地表物があってアクセスしやすい山は……と考えると太忠岳が良さそうだった。山頂まで約四時間。山のてっぺんには天柱石といって尖ったカッコいい岩が聳えている。この岩と日食を絡めて撮影できたら絶対いい作品になるという確信があった。

太忠岳はヤクスギランドが登山口になっており、前岳の一つだ。屋久島の山は大きく分けると宮之浦岳や永田岳を代表とした「奥岳」と本富岳（モッチョム岳）や愛子岳のような海岸から急にそそり立つ「前岳」に分けられる。

標高は高くないが登りが急で一度登ると二度と登りたくないという人が多い。登山口のヤクスギランドだが「ランド」とついているので観覧車やメリーゴーランドなどがある施設を思い浮かべる人もいるようだが、白谷雲水峡と並ぶ屋久杉がたくさんある整備された綺麗な森だ。

日食自体が僕は初めての経験で、何をどうしたら良いのか全く未知の世界。いろいろと試してみたいことがあってあれこれ迷ったが、若かったのでやりたいことのすべてに対応できるように思いつく機材は全部持って行くことにした。

メイン機材はキヤノンＥＯＳ－１Ｄｓ　ＭａｒｋⅡ。レンズはＥＦ５００ミリＦ４ＩＳＵＳＭⅡにテレコンで１０００ミリ相当に。これで日食が放つフレアを撮ってみたかった。屋久島の地形を活かしたいと考えておきながら、初めに思いついたレンズが超望遠というのが笑える話である。

そのほかに天柱石と日食を撮影するためのキヤノンＥＯＳ５Ｄ　ＭａｒｋⅡにＥＦ24～70ミリＦ2.8ＵＳＭ。そしてＥＦ16～35ミリＦ2.8ＵＳＭなどだ。三脚は二本。日帰りなので食料は行動食だけで良いし、テントなどは必要ないが、雨予報のため機材が濡れないようにアルミケースでパッキングした。

金属とガラスの塊は背負うとずっしりと重たかった。日食の始まる一時間前には山頂に着きたいし、機材が重たいのでコースタイムは一・三倍から一・五倍と考えると出発は当然早朝となった。

写真集『山岳島_屋久島』より

雨でも日食を撮る！

日食当日の朝は雨、天気予報通りでトホホ。

嘆いても仕方ないので出発することにした。ヤクスギランドの駐車場には誰もいない。早朝だし、こんな天候の時に太忠岳に登るヤツなどいるわけもない。

まだ薄暗く雨がシトシト降るなか一人で登り始める。

機材が重たい。

樹でできた階段を滑らないように一歩一歩、確実に進んでいく。ヤクスギランドコースから太忠岳へ登る歩道に入る。

雨がやむ気配はない。

こんな天候で日食を見るために太忠岳に登るバカは俺ひとりだろうと思っていたら、青年が一人で登ってきた。

カッパを着るわけでもなく白っぽい布をまとっていた。あとで思えば白装束といった感じの服装だった。

挨拶をしながら足を見ると裸足だったので驚いた。しかも、小枝が刺さっていて血が滲んでいる。

「枝、刺さってますよ」

と声を掛けようとした瞬間に枝がポロリと落ち、またまたビックリして声を飲み込んだ。

枝だと思っていたものは血をパンパンに吸ったヒルだった。

身体が反り返り、自分で姿勢を変えることもできないほど膨張した姿は枝そっくりだったのだ。

文字通りコロコロと転がり落ちていった。茶褐色の地面に落ちるとヒルがどこにいるのかわからなくなっていた。

僕はヒルが落ちた瞬間を目撃したらしい。一瞬の出来事であったが衝撃的で声にならなかった。

こんな日に山に登るんだから普通の人ではない。頭のネジが一、二本ほど外れていてもおかしくはない。むしろ外れているからフレキシブルに物事を考えられるのかも知れない。

それを理解できないのは脳味噌が錆び付いて動かないポンコツなのかも……とさえ思えた瞬間だった。そう考えてしまうほど、その場の雰囲気はこの青年に支配されていた。そして、青年が通り過ぎた後は何事もなかったようにただの雨の降る普通の森に戻っていた。

世の中には変わった人もいるものだと感心した。山頂でこの人と二人で日食を見るのはどうしたものか思ったが、今さら引き返すこともできないので登ることにした。

その後に普通の格好をした三人の男女が僕を抜いていった。

白装束を着ているわけでもなく、裸足でもないのに最初に出会った青年の仲間だと直感した。察するに何かしらの目的があり、先頭の青年をサポートする役目で登ってきたのだろう。雰囲気的には友好的な感じで僕に危害があるようには思えなかった。

山頂に着くと青年たちは天柱石の祠の岩棚に陣取って何か打ち合わせをしているよ

うだった。僕が三脚を立てようか迷っていた場所だった。

太忠岳の山頂のことを少し説明すると、森に覆われた第一ピークがあり、そこを通り過ぎて一度下る。下る歩道は結構な崖になっており、そこを下りきると大きな岩が見える。歩を進めると四十メートルの高さがある天柱石を拝むことができる。

天柱石の足下には大きな台座のような岩があり、登ると八畳ほどのやや斜めの平らな岩棚になっている。

この台座に登るのにロープを使わなければならない。幸いなことにロープは据えられており、誰でも利用することができる。

ここで登山者はランチを楽しむのだ。

方角的に奥岳を見ることはできない。その代わりに海を一望できて爽快感のある展望台といった感じ。屋久島の絶景ポイントのひとつと言ってもいい場所である。

しかし、この日は雨模様で霧に包まれ、真っ白な世界であった。あの青年衆は撮影にきたわけではなさそうだった。岩棚に登りたかったがポジションは先着順である。

岩棚は天柱石に近すぎて撮影ポジションとしては不向きなようにも思えたので岩棚

下の少し広くなっている場所で撮ることにした。

日食が始まるまで、まだ時間があった。

撮影の準備をしたいが雨が激しく、カメラを出すことができない。汗と雨で身体はずぶ濡れである。

屋久島に渡る直前に北海道トムラウシ山で遭難事故があったことが大きく報じられていたことを思い出した。確かガイドを含む八名が低体温症で命を落としている。

低体温症とはわかりやすい言葉で説明すると凍死と考えていいと思う。夏山で凍死というと不思議に思うかもしれない。ものの本によると、人間は腹部の温度が二十四度だったか二十八度を下回ると生命を維持できないそうだ。

たとえ北海道でも七月の夏山で体温がそこまで下がるものなのか、と疑問を抱く人もいると思うが、身体が濡れた状態で強風に煽られ続けると体温がどんどん奪われていく。風を避け、濡れた服を着替えるなどの対策を取らなければ生命の危機となる。

そして今、その状況に自分がいる。普通の山行であれば下山をすれば問題ない。

しかし、今日は皆既日食の特別な日。ここで下山をするわけにはいかない。日食が終わるまでに三時間弱ほど時間がある。着替えは持っていないし、雨が止む気配はない。さらには移動することもできない。どうしたものか……。身体の変化は顕著で、歯を食い縛っていなければ歯がカチカチし始めた。

こんな時のためにＦｏｘｆｉｒｅのポンチョを持ってきているので、頭から被り、雨風を防ぐことにした。

ところが風で煽られポンチョの裾が大きく暴れて落ち着かない。オマケに手がかじかんでいてうまく掴めないのだ。

そうこうしているとポンチョの裏面が濡れて折り重なるように張り付いてしまう。端を掴みたいが背中のほうに回ってしまい、手繰り寄せることすらできなくなった。

こうなると一度ポンチョを脱ぎ、張り付いてしまった場所を剥がし、被り直す。この作業を数回繰り返し、何とかポンチョの中に身体を納めることに成功した。

風と格闘していると何となく身体が温まった。頭をポンチョの中に隠し、岩陰に身を潜める。風は身体に当たらなくなったが気温は変わらない。

雨がポンチョを叩き、さっきより雨の音が大きく感じられた。雨の止む気配は全くなかった。

ここは携帯の電波がありメールが届く。トカラ列島のほかの島に出掛けている友人から連絡がきた。

天気は最高で間違いなく日食を見ることができるとの報告だった。

今の自分の状況を伝えると笑われた。まさに天と地の差があった。これは自分で選んだことだから何も後悔はしないが、寒さだけは堪えた。

アラスカでマイナス四十度を経験したことがあるが、その寒さとは質が異なり、今の自分は良くない状況にいることを再認識する。人生でワースト3に入る寒さとの戦いだった。

震えは顎だけではなく、身体全体に広がっていた。それでも意識はしっかりしており、身体が思い通りに動くか確認する余裕はあった。反応は鈍いが激しい運動以外はできそうだった。

アラームを掛けたカシオPRO TREKが日食に近づいていることを告げている。

この雨の中で超望遠の撮影はできそうにないのでワイド系のみの撮影に絞ることに

した。頭の中でシミュレーションを繰り返す。雨が激しいからカメラを三脚に取り付けてスタンバイすることができない。太陽が見えてきたら、どんな手順でカメラを取り出し撮影するか。繰り返し頭の中でイメージする。

時間的には太陽が月に重なり日食が始まる時間になろうとする時に驚愕の出来事に僕は見舞われてしまった。

日食が始まると辺りが暗くなり神秘的な状態になると聞いていた。もちろんそれを疑いもしないし、太陽が見えなくてもきっと日食の時間は、そういった雰囲気になるのだと信じていた。

それを期待してここまで登ってきたし、寒さにも耐えた。諦めずにここにいるのは、どうなるかわからないけど、きっと神秘的な空間を体感できると信じたからだ。

ところが、ところがだ。日食が始まるタイミングと共に大きな声で、

「ウンドゥビドゥバドゥバ" #$%&" #$%&' ¥」

と聞いたこともない呪文が始まったのだ。

呪文が聞こえる岩棚の上を見てみると、今朝方、裸足で登って来た青年が大きな声

で呪文を唱えているではないか。日食は鳥が騒ぎ出すとか、逆に辺りが静まりかえるとか、神秘的な時間のはずが……。

「俺の日食が謎の呪文に染められていく！」

それでも日食は続く。他の島にいる友人から日食が始まったとメールが届き、世紀の天体ショーは間違いなく進行していることを確認できた。

しかし、呪文は終わらない。雨雲で暗いのか日食が始まって暗くなってきているのか、もはやわからなくなってしまった。

日食の進行状況を確認できるものは腕時計だけで、無情にも完全日食の時間が近づいていく。小雨になってはきたが太陽の姿を見ることはできなかった。

それでも辺りはさっきより暗くなっていた。まだまだ呪文は続く。日食によって暗くなる空は夕暮れ時の暗さとは異なり、何か邪悪な雰囲気をまとっているように感じられた。もはやBGMと化した呪文は壊れたレコードのようで終わる気配はない。

何を言っているのかも、繰り返しなのか違う呪文なのかもわからなかった。ただ、わかることは大声で一人ずーっと叫び続けている姿は、遊びや好奇心だけでやっているのではないということ。修行を積み、鍛錬し、ここに臨んでいるということだ。いつの間にか雨は止んでいた。薄暗くなった空をただ見ることしかできなかった。自分は無力だと思った。

この時、僕は日食が行われているはずの空に向かって一枚もシャッターを切っていない。無情の時間が過ぎていき、暗い空も普通の曇り空に変わっていた。

荷造りを慌ただしく行い、下山の準備を始める。この寒さ地獄から脱出することで頭がいっぱいになり、日食の余韻を感じる余裕はなかった。

というより本当に今日が日食の日だったのか……とさえ思えるくらいであった。呪文を唱えていた青年はいつの間にかいなくなり。静かな山頂になっていた。

東京に戻ってからは、日食撮影に成功した友人たちの自慢話を聞き、そのお礼に僕の笑い話をした。天国で先輩も笑っているだろう。

日食こそ見ることはできなかったが、貴重な経験になったことは確かだ。

写真家は成果報酬のような仕事だが、ここでこうやってお話しできたことを嬉しく思う。

モッチョム岳とげじべい

満月に照らされる縄文杉を撮影したい。

そう思って今回は屋久島にやってきた。日程は多めに確保して、月光の縄文杉を撮影する前にいくつか前岳に登ってみたいと考えていた。

事始めにモッチョム岳（本富岳）に登ることにした。

モッチョム岳とは屋久島の南部に聳え立つ前岳の一つで、大きな岩壁を道路沿いから見ることができるのですぐにわかる。登山口は千尋の滝の駐車場に面しており、車はここに駐車することができ、登山者は奥側に停めることがルールのようなので注意したいポイントだ。

ここにある売店に僕が撮影した千尋の滝に虹が架かる作品パネルが展示してある。立ち寄った時は見て欲しい。千尋の滝に虹が架かるのは大雨が降った翌日の晴れた早朝である。そんなチャンスに在島していたら訪れるのもいいだろう。

話が逸れたが、モッチョム岳の標高は九四〇メートルと高い印象はない。コースタイムも三時間半とお手軽に日帰り登山を楽しむことができる山のように感じられる。

しかし、この数字に騙されてはいけない。この山はとにかく登りがキツい。急登の連続でやっと空が開け、麓などを見られる場所に出たと思いきや、そこは「神山展望台」といって山頂ではない。

そこからおよそ五十分の行程が残っている。しかも、やっとの思いで標高を稼いだというのに本物の山頂に登るためには一度下らなくてはならないのである。

山頂を目指すのに下るとは……何とも言えない気持ちに毎回なる。ここでガタガタ言っても山頂には辿り着かないので黙々と下り、再度登り返す。途中鎖場などがある。

宮之浦岳に比べコースタイムは短いが、屋久島で一、二を争うキツい山といっていい。

コース中腹にはモッチョム太郎という屋久杉があるが、脇腹に試し切りの痕が大きく残っており、屋久島の伐採の歴史を感じることができる。

試し切りとは、昔、屋久杉は「平木」に加工され、年貢として治められていた。平木は瓦の代わりに使用されていた板のことである。目が細かく油分が多く、水に強い屋久杉はとても重宝されたようだ。

この平木を作るためには真っ直ぐな樹が必要で、樹形が曲がっていたり、中身が空洞になっている樹では役に立たない。それを見極めるために樹の腹部に斧を入れて中が空洞になっていないかを確認したそうだ。

幸いにもモッチョム太郎は中が空洞になっており切られることなく、現代人の我々がその姿を見ることができるのだ。世界遺産に登録されて伐採がなくなった屋久島にとっては昔話のようなものかもしれない。

昔話と言えば、屋久島にはいろいろな妖怪が住んでおり、森林伐採に関わる妖怪として「げじべい」が有名である。げじべいは巨樹や老木に住み着く妖怪で夜な夜な木こりたちにいたずらをしたということだ。

写真集『屋久島 RainyDays』より

げじべいのいたずらか？

地球が丸いことが実感できる場所のひとつが、モッチョム岳。

奥岳の山々と違い、山頂からは、海を間近に見ることができる絶景だ。雲が浮かぶ快晴時に登ると大海原に雲影のパッチワークを見ることができる。ゆっくり移動していく影を眺めていると、時間が経つのを忘れてしまう。急登で有名な山のため訪れる人も少なく、のんびりした時間を楽しむことができる。

この頃の僕は脚に自信があり、下りであればコースタイムの半分以下で下山できると考えていた。だから山頂で一人ゆっくりした時間を楽しんだ。

撮影をするわけでもなく、ものを書くわけでもない。つまりボーッとするだけなのだが、暑くも寒くもない気温と太陽の優しい光、時折吹く風がとても心地よかった。

ここを離れたくない、ただ、その欲求に身を任せる。

雲が形を変え、太陽が西に傾き、光の色が変わった。僕は夕暮れが近づいていることに気が付き、こんなに時間が過ぎてしまったのか、と少し焦った。

日没までに二時間くらいか。今日は日帰り予定だったので懐中電灯は持っていない。谷間の歩道は日没と共に真っ暗になる。しかも、ここにはげじべいが住んでいる。

三脚をザックにくくりつけて山頂で誰に言うわけでもないが、「また来ます。ありがとうございました」と一礼をして足早に下山を開始した。

慌てる必要もないが、ゆっくりはしていられない。自然と足は早くなり、駆け足とまではいかないが、歩くスピードよりはるかに足取りは速かった。

例の鎖場をクリアして数分が過ぎた頃、ザックにくくりつけた三脚が気になってザックを下ろして確認してみた。

「ない！」

三脚がないのである。三キロ近い三脚がザックから落ちたのであれば音もするだろうし、感覚的にわかるはず。でも、ないということは落としたに違いない。ザックをその場に置き、もう一度山頂を目指した。

ダッシュに近いスピードで地面を凝視しながら走った。ここは太陽がある西側とは反対の斜面に位置しており、森は一足先に夜の準備をしているように感じた。

三脚の重量からして歩道の脇に落ちたとしても草むらから顔を出す程度の場所に落下したはず。目線を左右に振りながら走る。十五分ほどで山頂に着いてしまい、

「また来ました！」

と独り言（笑）。でも三脚は見つからず、今度はさっきよりはスピードを控えて三脚を探しながらザックの元へ。

今回の目的は、月光に照らされる縄文杉である。三脚がなければ話にならない。三脚がなかったらどうしよう……で頭がいっぱいになりながら、例の鎖場にやってきた。

とうとう三脚は見つからなかった。

どうするかは下山して考えようと鎖場に目をやると、なんと頭上の樹から伸びたツルに三脚が引っ掛かり、風にブラブラ揺れていた。登山中、落とし物を発見したときは見えやすい場所に掛けておくのはよくあることだ。でも、誰にも会っていないし、すれ違ってもいない。しかも、引っ掛かっている場所は鎖場のロープがある斜面では

なく、樹から伸びるツル。そこにあの三脚を掛けるのは、ちょっとした手間が掛かる。

「もしかして、げじべい？」

森の妖怪なら容易い作業のようにも思えた。

不思議なのは、三脚を探しに行く時に気が付くはずの場所にぶら下がっているのに気が付かなかったことだ。

僕が通り過ぎたあとにぶら下げたとしか考えられない。

謎が謎を呼んで整理がつかないが、日没が迫っており、まだ行程は四分の三ほど残っている。三脚騒動で時間をロスした焦りもあり、自然と足は速くなった。

山の事故の多くは下山で発生している。故植村直己さんも冬期マッキンレー登頂後、下山で行方がわからなくなった。戒めの思いもあり、そんなことを考えながら走った。

しかし、日没は待ってくれない。走るスピードは身体に勢いを与え、その勢いと下り坂が相まって身体は加速していく。やがて自分で自分の身体をコントロールすることが難しくなる。バランスを崩しながら走り続ける。それをやり抜く身体能力があると慢心があったと思う。転んだとしても通常ならただ転ぶだけで済む話である。転んでも、また走り続けることができる。しかし、今回は違った。

焦りと過信、そして足下が見えづらい状況。背中の機材の重さもあり、何かにつまずき、大きくバランスを崩して前のめりに回転して転倒した。

天地がひっくり返り、転んだことに気が付かないような感覚だった。

右膝から嫌な音がした。骨や腱を損傷すると音が聞こえるというが、このことか。

自分が何かにつまずき、転倒したことはすぐに理解したが、自分の身体がどうなっているのか理解できなかった。頭が谷側にあるのか、山側にあるのか。身体が動かせる態勢なのか。それを考え、整理する前に痛みを感じた。この痛みは尋常ではない。

「やってしまった」

転んだ姿勢のままセルフチェックをする。幸い転んだ姿勢は寝ている状態に近くすぐに起き上がることはできそうだった。痛い場所は右膝のみで、他は痛みを感じない。

問題は今までの経験上ベスト3に入るくらいの痛みだということだ。しくじった反省とこれからどうするかを考えるためにゆっくりそこに座りなおした。もう一度セルフチェック。右足の指、次は足首。段々胴体に近い場所を動かそうとする。痛みは発生しない。足先を左右に振ってみる。それに伴い膝が左右に動く。痛い、痛すぎる。これはかなり痛い。曲げることもできない痛さである。

手や肩を確認するが問題なさそう。擦り傷の類いもないようだ。次に立ってみる。どうやって立ったらいいのかわからない。片足に重心を置くと立つことはできる。右足を曲げると激痛が走った。足を引きずるように歩けば前に進むことができるようだ。

この時間に誰かがここを通ることは考えられない。携帯電話も圏外である。幸い歩道は踏み跡がしっかりしていた。暗くなるまでには、もう少し時間がある。

とりあえず下山をするために歩くしかないと思った。

次第に森は暗くなり視界がどんどん狭くなっていく。歩くスピードは速めたいが速く歩くことはできない。膝の痛みよりも転んだショックが大きかった。たった一度のミスでこんなことになってしまうとは。

駐車場に着く頃には夜の帳が降りきっていた。無事に下山できたことに安堵したが、右膝を痛めているので無事とは言えない。

月光の縄文杉の撮影はどうしたらいいのだろうか。

決意の縄文杉

次の日、屋久島で一番大きな病院に診察へ出掛けた。骨の先生は不在で内科の先生が診察をしてくれた。「僕は専門じゃないからわからないけど、ただの打ち身だから。ほおっておけば良くなるよ」との診断結果だった。

「マジで?」

と思ったが、湿布をもらって宿に戻ることにした。

足は転倒した日よりも痛くなっており、歩ける状態ではない。東京に帰ろうにも安いチケットで来ているので日程の変更はできない。

天気は良い。窓から見える山の景色は美しかった。

満月の日が段々近づき、気持ちが暦についていけない日が続いた。満月前日、まだ足は痛い。寝返りを打つときが最高に痛かった。しかし、ここで部屋に閉じこもっているのも心が腐るだけ。窓から外を眺めると虹が出ていた。

屋久島は雨が多いが、すぐ晴れることも多い。そんなタイミングだったのだろう。大きな虹だった。前景が良くないので撮影はしなかったが、綺麗な虹だ。それを見て決意が固まり、縄文杉に出掛けることを決めた。

心配したおやじさんが杖を持たせてくれた（笑）。これは心強いと思ったが根っこが多い歩道では使いづらく、最終的にはザックに縛り付けて使わなくなる。

怪我をしてはいるが、撮影機材と宿泊道具を削るわけにもいかず、大きなザックで足を引きずりながら歩いた。後から来た山ガール風の女の子たちが追い越しの際に「頑張って～！」と声援を送ってくれた。

きっと重たい荷物でへたばった人に見えたのだろう。怪我さえしていなければ、抜かれることもないし、こんなヨチヨチ歩きを見られることもないのだろうに、と一人ヘコんで歩いた。

僕の持論だが、痛みは無視すればどうってことはない。痛くても足がとれてしまうわけでもないのだ。現にゆっくりでも歩くことはできる。

普段の倍以上かかっても構わない、ゆっくり前に進めばいい。痛いからといって何もしないことのほうがよっぽど心が痛い。

じっとしていると自分の存在意義のすべてを否定してしまうように思えた。そこが限界だと思いたくなかった。転んで怪我をした自分を責める自分でいたくなかった。

コースタイムは四、五時間。いつもの僕なら三時間ほどのはず。今回は六時間以上は掛かったのではないだろうか。

不思議なものでトロッコの軌道を抜け、歩道（登山道）を登って縄文杉に近づいてくるころには膝の痛みが薄らいでいた。他の登山者の声援のお陰なのかもしれないし、脳内麻薬が出ているのかもしれない。もしかしたら縄文杉のパワーなのか。

アドレナリンは昨日の虹を見た時からバンバン出ていると感じていた。

今回の目的は月光に照らされる縄文杉。痛みに耐えることが目的ではない。まして や怪我をするためにやって来たのでもない。

この撮影に成功すれば、自分のことを誇りに思えるのではないか。少しは骨のある男になれるのではないか。そんなことばかり考えて登っていたような気がする。

写真集『Traces of Yakushima』より

月光の縄文杉

縄文杉に辿り着き、自尊心は保たれた。

しかし、落ち着くと膝が痛かった。

自分のミスから招いたトラブルを自分で克服したように思えた。他人からすれば無理をすることはないと言われるかもしれない。意味がないことだと呆れられるかもしれない。身体を壊してまでチャレンジする意味がわからないと言われるかもしれない。

しかし、この山行が今後の僕の糧になるはずである。月光に照らされる縄文杉の撮影ができたならば……。

早めの夕食を済ませ夜が来るのを待つ。複数のパーティーが高塚小屋に宿泊するようだった。

屋久島の森の中、非日常の特別な空間。満月の夜。こんな日は、人間は異常な興奮状態になるらしい。狼男でも出てくるのではないかと思わせるシチュエーションに心が躍る。

太陽が沈み、次第に景色から色が失われ、灰色の世界へと変わっていく。日没と共に顔を出すはずの満月も尾根に阻まれ、まだ光を縄文杉に届けてはくれない。待つことしかできない時間は、もしかしたら贅沢なひとときなのかもしれない。

意外と冷静に夜がやってくるのを待つことができた。満月の夜は興奮状態になるという話は嘘なのかもしれないと思えた。

七千二百年も生きていると言われるから老木のイメージがつきまとうが、ゴツゴツした木肌から筋肉モリモリのボディービルダーを連想した。ポーズを決め今にも動き出しそうだ。そのフォルムは躍動感があり生命の力強ささえも感じた。

闇の深まりと共にその様相は変化し、次は木肌から顔のようなものが浮かび上がり始める。例えるならばデスマスクのような形相である。この表情は見る人によって感じ方が変わるのではないだろうか。怖いと思う人もいれば悲しそうと思う人もいるはずである。

確かに、ここに人生の膿を捨てに来る人が何人もいただろう。それを黙って聞いているのだから、そうもなるはずである。

月光が縄文杉の本当の姿を照らし出した。

時間の経過と共に月が昇り、縄文杉に月光が当たり始める。色の復活はなく、グレートーンの中に浮かび上がる姿は森の王者の貫禄だった。

太陽光の中で見る姿よりも威厳を放っている。

「俺の本当の姿を見せてやろう！」

そう語りかけてくれているようにも思え嬉しかった。

月光の中、縄文杉との語らいの時間を楽しもうと思っていると遠くからワイワイ騒がしい声が聞こえ、語らいの時間はあっけなく終わってしまった。

そして、月光に照らされる縄文デッキは運動会でもやっているかのようにドタバタと騒がしい場となってしまった。

やっぱり満月の夜は人間が興奮するというのは当たっているようだった。

写真集『山岳島_屋久島』より

ギプス生活はあっさり終了

月光での撮影を無事に終え下山した。

足さえ痛めていなければ、どうってことのない撮影であった。終わってみればそんなもんだろう（笑）。

東京に戻り、狛江にある専門医に診てもらったら、なんと靭帯に縦に亀裂が入り、曲げると、それが開くから痛いのだとレントゲン写真を見ながら説明を受けた。言われるがままにギブスで固定されてその日は帰宅した。

しばらくその医者に通うことになったのだが、日に日に右足が細くなっていくのがわかった。

筋肉は動かさなければすぐに細くなるのか、と怖くなった。膝の関節も動かさないから固くなり、退化していることがわかる。動かさなければ痛みはない。

困ったのは娘の保育園の送り迎えの自転車だった。足を曲げることができないから自転車を漕ぐことができない。考えた末にスクーターを買うことにした。

昔はナナハンで馴らした二輪テクニック。楽勝と思っていたら意外とスクーターは怖かった。車輪が小さくハンドルの切れ角の違いが恐怖として身体に伝わった。

その頃、セカンドオピニオンという言葉を耳にした。簡単に言うと、複数の医者に診てもらい症状を確認するということらしい。

試しにほかのスポーツ選手が通うという整骨院へ出向き診てもらった。

そこのお医者さんの見解は「打ち身」。骨や靱帯に異常は見られず、すぐにでもギプスを外し、リハビリに入るよう診断された。

そのことを狛江の病院の先生に話すとあっさり非を認め、何事もなかったように次の患者を部屋に呼ぼうとしていた。

あきれた。

この狛江の医者は患者を患者として見ていない。結局、屋久島にあった内科の先生の診断が正しかったことに驚かされた。

個展での一幕

「キヤノンギャラリーSで個展をする！」

同年代でありながら写真界の第一線で活躍する前川貴行氏がここで個展を行っている姿を見て僕が強く掲げた目標のひとつだった。

その夢は二〇一一年十二月に叶った。

キヤノンギャラリーSとは品川にあるキヤノンマーケティングジャパン本社ビルの写真展会場である。ここは天井が高くスペースも広い。自由に壁面レイアウトを変えることもできる日本屈指のギャラリーである。

年間十二名しか個展を行うことができず、とてもレアな場所なのだ。ここで写真展ができる写真家は限られていると言える。

驚くべきことは会場だけではない。ここには綺麗な受付嬢がいる。その受付のお姉様方はSギャラリー作家を覚えており、会期が終わって何年も経つのに、Sギャラリーを訪問すると上層部に連絡を取り、ギャラリー担当者が挨拶に来てくれるのである。こんな僕にでもその対応は変わらない。もったいない話である。

そして、ここでの出来事が僕の写真家としての歩み方に影響を与えることになる。

「この作品の場所は妻と一緒に登った山なんです。あの時と同じだ」

と老紳士が落ち着いた表情で僕に話し掛けてきた。話のニュアンスから最近、奥様が他界されたようだった。あの頃の僕は若く、返す言葉を持っていなかった。だから会話は続かなかった。

次の日もギャラリーSにその紳士が現れ、

「この作品を譲って欲しい」

と話し掛けてきた。昨日よりも晴れやかな表情だった。僕は勘違いをしていたようだった。昨日は落ち着いていたのではなく思い出に浸っていたのだ。その思い出を話してくれた。

「あの時は〝荷物が重たくなるからカメラは持たないよ〟と妻に話して登ったんで

す。暑い日だった。でも長い森を抜けてやっと稜線に出ると青空と山々が美しかった。カメラがないことを二人で笑いながら嘆きました。それが最後の山行でした。その時の話を寝たきりになった妻にすると表情が明るくなるんですよ。だから、あの景色の写真がないことが悔やまれて仕方ない。もう一度見せてあげたかった。この作品にもっと早く出逢いたかった……」

と静かな口調だったが熱のこもった言葉で語ってくれた。

その場所とは屋久島・宮之浦岳を淀川口方面に少し下ったところ、青空に栗生岳・翁岳・安房岳・黒味岳を一望した作品だった。あの日は天気がよく、暑くて奥様と水を分け合って登ったそうだ。

宮之浦歩道は稜線に出てしまうと水場は一カ所しかなく、計画的に水分補給をしないと痛い目に合うルートだ。しかも鹿児島の日差しは強く、遮るものがない稜線は辛さを増幅させる。

僕もこんなことがあった。ある山行中、身体がだるくフラフラする。水分補給はこまめに行っているし、シャリバテをするような行程ではない。でも、だるくて仕方がない。

そこで味噌汁を作って飲んだら途端に元気になった。塩分が足りなかったのだ。

昨日は紳士とまるで会話ができなかったが、今日は話が盛り上がった。

撮影の時や作品セレクトの時にこの紳士のことなど微塵も考えていない。それは当たり前で、この夫婦の物語を知るわけもないからだ。

しかし、僕の作品とこの夫婦の物語がシンクロした。

それまでは写真家の仕事とは自分の信念にのみ価値が見いだされると思っていた。つまり撮りたいものを好きなように撮り続けるだけで良いと考えていた。

それも正しいが、作品が誰かの物語にシンクロした時に新たな広がりが生まれる。つまり撮るだけでは広がりに限りがある。多くの人々の目に触れ、観てもらい、何かの琴線に触れたときに写真家の仕事の意味が膨らむ。

写真家として生きるならば撮ることへの情熱と同等、もしくはそれ以上に観てもらうことへの情熱を持つべきなのだ。

だから僕は写真展や写真集にこだわりを持って歩んでいる。

写真集『山岳島_屋久島』より

五十年に一度の当たり年、らしい

おやじさんは海に潜り、魚を捕る。

通称は「クマさん」だが、僕は「おやじさん」と呼んでいる。その人は、僕が定宿にしている屋久島南部の小島集落にある「農家民宿山ノ瀬」のおやじさん。海に潜るその姿は俊敏で、陸の姿を摸写して言うならばオットセイかセイウチといった感じだが、水の中だけ見ているとシャチのような身のこなしである。

陸に上がって釣り竿を持たせたら海の魚を全部釣ってしまうのではないかというくらい魚を釣りまくる。

一度、山疲れした僕は、海釣りでもしてのんびり過ごそうとおやじさんに海へ連れていってもらったことがある。一日、のんびりと竿を伸ばし、糸を垂らして本でも読もうということだった。道具は民宿にあるもので使い込まれた釣り具一式。メンテナンスはされていそうだが新しくも古くもなくおやじさんには申し訳ないが、釣れそうな雰囲気は全くなかった。

餌は釣り道具屋で買ったオキアミ系の冷凍の撒き餌。特別な感じはしない。釣果を期待した釣りではないので雰囲気を味わえればよく、気にもとめなかった。

驚いたのは氷の買い方だ。とある漁港の建物の後ろに軽トラを着け、上から伸びたダクトを荷台のケースに添えつけて、コインを挿入し、レバーを引く。すると、けたたましい音と共に氷が流れ出てくる。業務用かと思った。まさに市場で使うような氷がケースいっぱいになった。

それから小島の近くの磯に行き、釣りの準備をする。準備と行っても針も糸も竿に付いており、各部をチェックしただけで釣りがスタート。

とりあえずおやじさんの一投目。狙った澱みに針が落ち、ウキが糸に引きずられて針が落ちた辺りに吸い寄せられていく。

その様子を見ているとウキが安定する間もなくギュンと深く沈み込む。それに合わせるようにおやじさんが竿を引く。いわゆる「合わせ」だ。

リールを巻き、糸を手繰り寄せる。手のひらよりもひと回り大きい魚が二匹。「オヤビッチャ」というスズメダイの一種で、よく民宿の朝食で目にする魚だ。見た目は熱帯魚と言っていいようなカラフルな彩りで味は淡泊ではあるが、味わいがあって美味しい。身離れもよく食べやすい。釣り上がった魚を「へーっ」と思って眺めていると今度は僕にやってみろと竿を渡してくれた。

子どもの頃、釣りはよくやった。釣りキチ三平世代でもあり、学校から帰ってきたら日が暮れるまで遠山川でよく釣りをして遊んだものだ。

川と海では道具が違うので勝手が違ったが、まあまあおやじさんの示した澱みに針を落とすことができた。さっき見ていたように針が落ちた辺りに向かってウキが引き寄せられていく。今度はウキが一カ所で止まり安定しながら澱みに揺れていた。

やれやれと腰を下ろそうとした瞬間にウキが沈み、おやじさんが「それ！」と掛け声をあげた。それに合わせるように竿をあげる。声に合わせたというよりはウキが沈んだ時の反射ですでに竿をあげていた。

クン！クン！と竿から腕に心地よい振動が伝わってくる。魚が水中で針から逃げようとして必死に泳いでいるのがわかった。

努力はむなしく、あっけなくオヤビッチャは釣り上げられ地面で勢いよく跳ねた。そこからは流れ作業で針を投げ、ウキが沈み引き上げる。そして撒き餌を投げるの連続だった。

本でも読みながらのんびり過ごそうという思惑は大きくハズレ、まるで漁師にでもなったかのように魚を釣りまくった。

そんな海をフィールドに躍動するおやじさんだが、漁師ではない。民宿のおやじの顔を持つが本業は農業なのである。特にミカン栽培は絶品で都内大手百貨店に並ぶミカンを屋久島から出荷している。そして山にも詳しい。そんなおやじさんが来年の石楠花はいいぞと年末に来島した時、話してくれた。

石楠花の花芽は秋が終わる頃から大きくなるようで、その数を観察すると来期の花のボリュームを知ることができるのだ。二〇一四年の石楠花シーズンは間違いなく五十年に一度の当たり年になるとおやじさんは豪語する。この話は多くの場所で話題になっていた。「来年はいい！」誰もが口にし、紛れもない事実として語られた。

どうやって撮ったら良いのか？

　五十年に一度の当たり年ならピーク中のピークに撮影に行きたい。

　例年ならば五月末から六月初旬がピークという。しかし、山の上の情報はよくわからない。咲くとわかっていてもピークを当てるのは東京に住んでいる僕にとっては難しいのだ。撮影は五月末からとした。目的地は焼野周辺から永田岳を経てロウソク岩近辺だ。天候は悪くない予報。

　天空のお花畑とはよく言ったものだ。石楠花の多さに感嘆した。五十年に一度のタイミングに写真をやっていられることに感謝した。

　このタイミングが青年期であり、山に入れる体力があって良かったと思った。

　しかし、こうなると構図をどうしたらいいのかわからなくなってしまう。花が凄すぎてこの時の山行のことをほとんど覚えていない（笑）。

とにかく凄い数の石楠花に出迎えてもらえて嬉しかった。

屋久島と石楠花は縄文杉と同等、もしくはそれ以上に重要なモチーフだ。咲いている期間が長いので桜撮影のようなシビアさはない。しかし、僕が狙う場所は標高一五〇〇メートル以上の場所であり、天候との相談になるので撮影の難易度は高いと言える。

そんな石楠花を撮影する方法として考え出したのが、無宿泊連泊縦走だ。簡単に説明すると山小屋に泊まらず、テントを張らず、眠たいときに仮眠を取り、基本はずっと行動し続ける山行のことである。

季節は五月末から六月だから夜は短く気温も低くない。宿泊道具も必要ないし食料も火を使わないようにカロリーメイトやクッキーなどで済ませる方法だ。

夜露を避けるためのシートとお尻が痛くならないようにマットは持参する。

ザックが日帰り登山と同じくらいの重量になり、行動力は格段にアップする。深夜に出発して山頂で撮影なども簡単にできる。眠たくなったら、その場で寝て目が覚めたら行動する。

二日目となるとさすがに眠いので岩屋などで横になって寝ることもある。
こうした山行をしていると決まって早朝に雨が降る。これは切ない。薄暗いなかで
一人ジッと堪えるしかないのだ。
そんなことをしながら石楠花を撮影している。

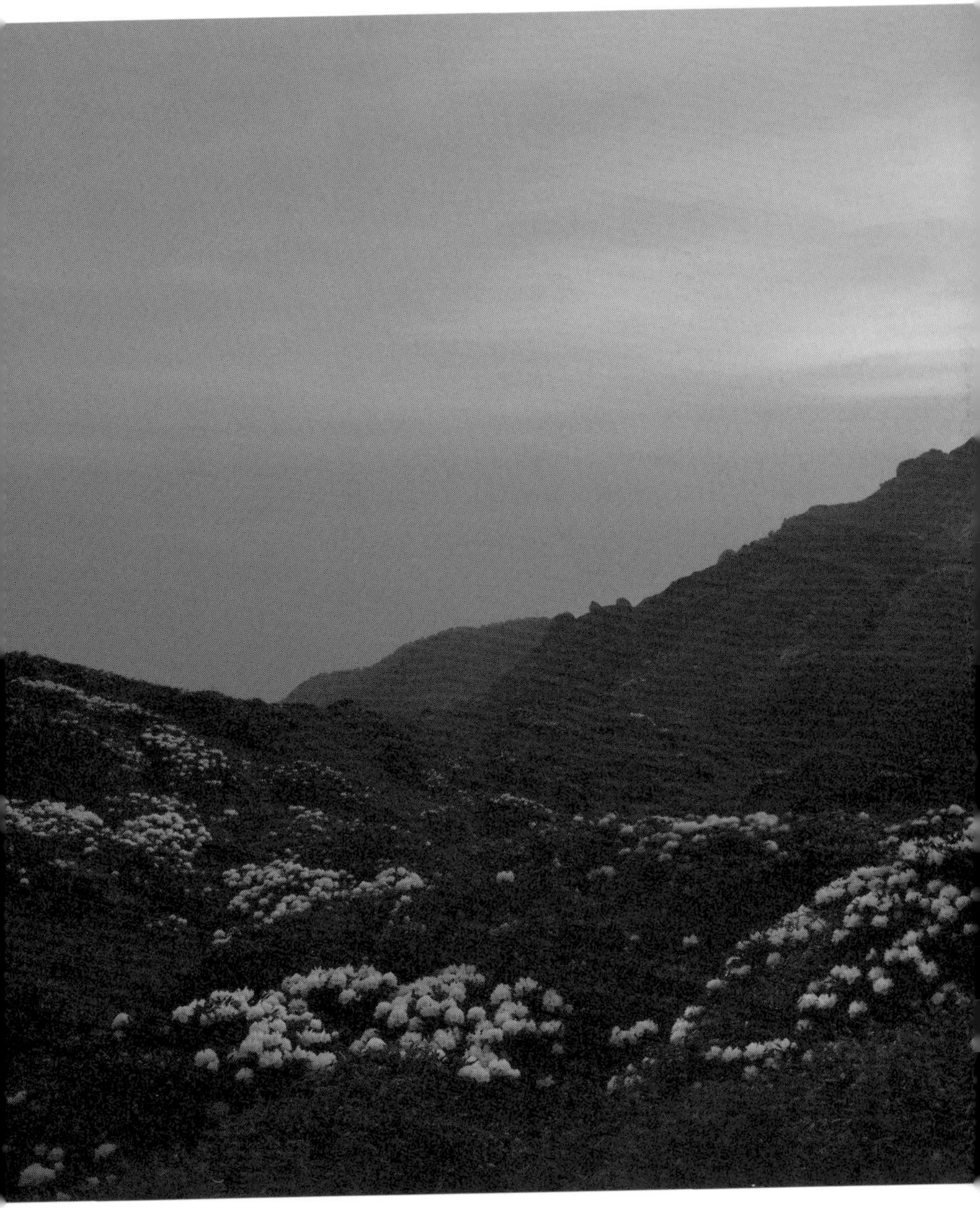

写真集『屋久島 RainyDays』より

虹を呼んだ家族との夕暮れ

妻は会社で屋久島のことをよく聞かれるらしい。でも、屋久島に行ったことはないので説明できないと言う。だから一度連れて行って欲しいということになり、家族で屋久島に出掛けた。

宿はもちろん「農家民宿 山ノ瀬」である。絹さんの料理の美味しさとおやじさんの人柄に触れてもらうのが目的だ。

昼飯はバーナーを使った屋外食でもてなそうと思って普段買わないフリーズドライの親子丼を新宿の石井スポーツで購入して持ち込んだ。最近の石井スポーツはヨドバシカメラとくっ付いてポイントカードが共通になったので買い物がよりしやすくなった。カメラマンとヨドバシカメラは運命共同体のようなものである（笑）。

もてなすといっても野外でお湯を沸かして注ぐだけなのだが。

この日は雨の一日だったためドライブ中心のプログラムを考えた。紀元杉でちょうどお昼の時間になったので駐車スペースの脇にレンタカーを停め、リヤハッチを屋根代わりにして食事の準備をする。

僕が使っているコッヘルは、蓋がフライパンとして使えるようになっており、収納時は取っ手が折りたたまれてコンパクトになる。普段はこの蓋を使ったことがなく、今回人生で初めて使った。使うといっても蓋型フライパンを皿代わりにフリーズドライの親子丼を二つ盛り付け、お湯を注ぐだけ。

いい感じになったので取っ手を軽く握り、持ち上げると悲劇は起こった。取っ手がお辞儀をするように折れ、中身が地面に落下したのだ。

声にならない家族の声と地面に落ちたフリーズドライの親子丼。

雨の音だけが聞こえていた。

一瞬の出来事で父親を気遣って何もコメントしない家族。ここで「なにやってるのよ（笑）」とひと言あれば場が和むと思うのだが、聞こえてくるのはやっぱり雨の音だけだった。

いいところを見せようとは思っていなかったが、まさか駄目なところを見せること になってしまうとは……。おかずが一品少なくはなったが、インスタントラーメンと アルファ米でお腹を満たすことはできた。

そのあと淀川登山口まで行き、帰りに歩いているハイカーを拾い、里に下りた。

夕方は、絹さんに予定があり、食事は外食することになっていた。明るいうちに尾之間温泉に入り、その後平内集落にある「八まん」という居酒屋で夕ご飯にする予定を考えていた。屋久島南部には食事処が少なく「晩酌」か「八まん」が拠り所となる。

ひと足早く温泉から出た僕は空を見ていた。家族が揃ったので、

「夕ご飯の時間を遅くしてもいいか」

と相談した。

急ぐ予定もないので快諾され、栗生集落の防波堤まで移動した。

その頃には雨は小雨になり傘を差さなくてもいいくらいになっていた。温泉で火照った身体に海風が当たり心地よかった。

子どもたちに防波堤から落ちないように注意をして僕は七五岳を眺めていた。

どれくらいの時間が経過したかは覚えていないが、家族は暇を持て余しているようだった。

そして、その不満が、

「食事の時間を変更してまでここに来て、何もせずにいるのなら食事に行こう！」

という言葉になって表れた。そんな家族を、

「もう少し待って」

となだめて時を待つ。

そのやりとりが何度かあった頃に七五岳に見事な虹が掛かった。

家族は虹を見ることができたので、今までの不満が解消されたようだった。

「虹が出ることを知ってここに来たの？」

と聞かれた。

「だからここに来たんだよ」

と答える。

父親の株が上がったかどうかは、怖くて聞いていない（笑）。

写真集『山岳島_屋久島』より

みんな神様なのかも

山にいると神々が遊んでいるのではと思えるような雲と光の饗宴を見ることがある。時には龍が昇天して行く姿を見たような気になることもある。威風堂々とした山渓。月夜にみる屋久杉。森に差し込む太陽。自然は人の想像力を刺激し、妄想の世界へ誘っていく。

科学が進歩していなかった時代には、こんなところから神話やおとぎ話が語られ、様々な妖怪たちが生まれたのではないだろうか。

話は少し変わるが、今までに写真展を何度か開催させてもらっている。様々な来場者があり、時には自慢の作品を僕に見せてくれることもある。

「ただで写真添削を受けようだなんて不貞不貞しいヤツだ！」

と追い返す写真家もいるそうだが、僕は喜んで拝見させてもらう。そんななか、

「とっても不思議な光が写ったの」

とスマホを見せてくれる方がいた。それは神社であったり、お寺であったりする。いわゆる霊的な場所で撮影されたものだ。

僕もその手の話は大好物なので喜んで拝見させていただく。そこには確かに不思議そうな光が写っている。当然コメントを求められるので、

「これはゴーストですね」

と答えると、

「お！お化けなの？」

と会話は展開されていく。

ゴーストとは写真用語で強い光がレンズに飛び込んだ時に現れる現象を表す単語で、光の乱反射が作り出した虚像。像がないのに写り込むのでゴースト、つまりお化けと呼ばれている。他の言い方としてフレアーなどとも言う。

簡単に発生する現象を説明すると、神社やお寺は太陽光が差し込む場所に作られていることが多い。

先人たちの知恵は凄いもので、太陽や月星を上手く利用して建物を作っている。そして、スマホに付いているレンズはチープなものが多く、逆光で撮影すると如実にゴーストが発生する。

一眼カメラのレンズでも発生するが、レンズフードで光をカットしていたり、知識があるとハレ切りと言って板などでレンズに入り込む強い光を遮光したりして防いでいる。高級レンズはコーティングが施されていてゴーストは現れにくい。

スマホのカメラに入っている撮影アルゴリズムは素晴らしく、ド逆光でも写真は綺麗に写る。特別な知識がなくてもゴーストは入るが普通に写真を撮ることができる。逆に一眼の場合はこういった場所で撮影すると暗く写ることが多く、失敗写真になるのでゴーストが出ていても「失敗しちゃった」ということで凝視されることもなく忘れ去られてしまう。

話を元に戻すが、つまり「とっても不思議な光が写ったの」的な写真のほとんどが逆光によるゴーストやフレアーといった現象であり、同じ場所でも太陽を背にして撮る順光の写真には不思議な光は写らない。

また、スマホはポケットから出してそのまま撮影するのでレンズに指紋などの油汚れが付いていて、毎回異なる形でより不思議な効果が現れるのである。

こんな話をしてしまうと、さっきまで意気揚々と写真を見せてくれていた方はショボンとしてしまい写真集を買って帰る雰囲気とはならなくなってしまう。本当に営業ベタだなと反省する。

このようなことから心霊写真的なものの多くは、何かしらの光学的要素があると僕は思っている。

またまた話が変わっていくが、僕はどうしても神様を信じられない時期があった。それはアシスタントを卒業し、フリーランスとして活動を開始した二十代最後の年の話である。

アシスタントをしていた頃は、毎日が忙しくチーフの時には海外にも二ヶ月に一度のペースで出掛けていた。しかし、恥ずかしい話、フリーになった途端、仕事は全くなく、家賃を五ヶ月も滞納した。当然大家さんからは「出て行ってくれ」と督促状が届く。「夢破れて田舎に帰る」ってこんなことなんだろうなと思った。

当時の生活は今思い返すと笑ってしまうが、一日にあんパン一個で空腹時には水道水をがぶ飲みする日々だった。水を飲んでも満腹にはならなかった。長野育ちの僕は、東京の水はまずいと思っていたが、意外と蛇口から直接飲んだ水はカルキ臭もなく普通に飲めた。

コンビニに行けば食べるものがたくさん並んでいたが買うお金がなかった。食べ物は手を伸ばせば届く場所にある。何度も手を伸ばそうと思ったが、実行には至らなかった。

手を伸ばす先は夢であるべきだと思っていた。あの時コンビニで手を伸ばしていたら、今の僕はないだろう。

周りからは車を買った、結婚した、家を建てた、子どもができたなどの幸せそうな話を聞かされた。

その代わりに単車に乗って野営しながら撮影している話をすると笑われた。馬鹿にされているわけではないと思うが、そのギャップになんだかなぁと思った。

お金がないことがこんなに惨めなことなんだと思えた。平成の世の中でこんな生活をしているヤツなんているのか、神様なんているわけないと思ってしまった。

心が折れ掛かっていたのだと思う。

撮影中にブナの奇形樹を見た。雪の重みで折れたのだろう。しかし、新しい枝が天を目指し伸びていく。それを繰り返し、大きな樹に成長していた。その姿を見て神様に頼ったところで何も変わらない。変わるべきは自分であると感じた。

でも、夢を語っても飯は食えない。「現実を見ろ!」と自分に言い聞かせた。だから、生きるために食べ物がたくさん並ぶあのコンビニで手を伸ばした。

その手は食べ物ではなくスポーツ新聞を取った。買うことはなかった。正確には買えなかった。だから求人欄を立ち読みした。

近くで鳶のアルバイトを見つけ日銭を稼いだ。面白い現場はNHKだった。いつかは出演者としてここに来たいと思った。当時付き合っていた彼女(現在の妻)が僕のアパートに遊びに来て冷蔵庫を開けて言った言葉は、「なに食べてるの?」だった。

当時は現像を自宅でやっていた。暗室作業には冷たい水が必要でペットボトルに入れて冷やしていた。そのほかにモノクロフィルムが数本冷蔵庫に入っているだけ。食べるものは何も入っていない。どうあがいても写真の仕事は増えなかった。たまにくる写真の仕事にも悩まされた。なぜならフィルムを買うお金がないのだ。この場を借りて謝っておきたいのだが、あの時は事務所に行き、使わないフィルムを借りた。

「あの時は助かりました。ありがとうございました」

こうして僕は神様ではなく周りの人たちに助けられて今日に至る。

惨めさに負けなかったもう一つの理由に故郷の霜月祭の存在が欠かせない。

霜月祭はいろいろな伝説が絡み合い伝承されているが、このお祭りは冬至の神事である。

北半球でこの季節の神事は太陽の復活祭の意味合いが強い。その代表例がクリスマスだと僕は思っている。つまり霜月祭は日照時間が短くなる冬至の季節に全国から神々を里に招き入れ、火を焚き湯を沸かし、祓い清めた湯を献上し、太陽の復活を願う神事。そのＤＮＡを僕は持っていて必ず復活すると、なんの確信もないまま信じることができた。つまりは単純なヤツなのだ（笑）。

霜月祭でこんな経験をしたことがある。あの日は新潟で仕事があった。早朝、車で東京から新潟に移動し、夕方実家のある長野県南部の遠山郷へ向かった。霜月祭は各集落で行われており、その期間は一週間ほどになる。

霜月祭の取材に出掛ける前は原稿などの仕事を仕上げてから行くので連日深夜まで仕事をする日々が続く。そんなこともあり、寝不足での運転となった。

飯田のインターを降りて峠を走っているとどうしても眠たくなり、もう間もなく到着する安心感から道路脇に車を停めて仮眠を取った。エンジンを止めてシートを倒し、すぐに寝入ってしまった。

街灯が遠くにあり、薄らと道路が見える静かな場所だった。

そんな中で運転席の窓ガラスを勢いよく叩く音で目が覚めた。身体にその振動が伝わってくるほどだから飛び起きた。

峠道ということもあるので近くで事故でもあって助けを求めにきたのだと思った。それだけ激しく窓を叩かれたように感じたのだ。

窓を開けても人はおらず、車から出て周りを確認したが、人の気配も車の姿もなかった。時計を見ると僕が撮影したいシーンの時間になろうとしていた。

霜月祭は八百万の神々を里に招き入れて行う神事である。神様にもいろいろなタイプがあって神社で神事を行う神様もあれば、里に遊びに出歩く神様もいるはずである。あの激しいノックはきっと後者の神様で、寝入ってしまった僕を見かねて起こしてくれたに違いないと思った。

屋久島でもこんな経験をしたことがある。山を歩いていると様々な音が聞こえてくる。ザックやヤッケが擦れる音。自分の足音。鳥のさえずり。落ち葉を踏む音。風が木々を揺らす音。風自体の音。これらは歩くのを止めると自分が出している音なのか、自然の音なのか聞き分けができた。

そんな音に混じって楽しげな笛の音や太鼓の音が聞こえてくることがある。

「おやっ?」と思って歩くのを止めるがハッキリ聞こえない。

また歩くと聞こえ出す。そんなことを繰り返すことは一度や二度ではない。そして、そんな日には必ず祠に供えたばかりのお酒やお菓子を目にする。

あの楽しげな笛太鼓の音はきっとお供え物で神様が宴会をしているのだなと思うの

である。

僕は宗教家ではない。しかし、撮影していると神様の存在を感じることがあり、その存在を信じたくなる。そして、思いもしない出来事が自分を救ってくれたり、良い方向へ導いてくれることが多々ある。

それを自分の力だと言わずに神様のお陰と言える謙虚さが大切なのではないだろうか。僕は多くの友人、知人、先輩、後輩、仕事仲間、通りすがりの人に助けられて生きてきた。そういう意味では僕の周りには神様がたくさんいるのだと思う。

屋久島に出掛けると、上手くいかなかったこと、悩んで前に進めないこと、心の整理がつかないことがあっても、まるでテトリスのブロックが一気に揃って一面クリアしたような感覚になる。

島に行って問題が解決したわけではないが、「次はこうやってみよう！」と進む方向を明確化することができる。それが正解かどうかはわからないが、やる気になって取り組めば大体のことは上手くいく。

僕にとって屋久島はそんな場所なのである。

あとがき

最近、写真学校の同期と親しく話す機会があった。将来の夢を語り合った仲だ。あの頃、思い描いた夢を実行している喜びと、そうではない人生が交差する。いつも思うことで感謝の気持ちでいっぱいなのだが、僕が写真家でいられるのは周りの人たちのお陰である。

撮影は一人。写真集や今回のエッセイも僕の名前で出版される。しかし、僕一人の力でこれらが創られるわけはない。僕のような若輩者が「写真家でございます」と言えるのは、多くの仲間の支えがあるからだ。

特に家族には大きな負担を掛けている。娘たちの成長を見て実感するが、僕を育てた父と母には大感謝である。無鉄砲な僕を見守ってくれた父。暗くなっても遠山川から帰らない僕を心配そうな目で見ていた母。もっと少年時代に会話をしておけば良かったと反省する。
そして僕を育んでくれた遠山谷の人々と自然。写真業界の人たち。
その中でも日本写真企画の藤森編集長や片村社長。デザイナーの泉かほりさんには
ご尽力いただいた。日本写真企画のメンバーには「こんなことをやりたいのだけど！」
と相談すると背中を力強く押してくれ、迷いがなくなった。
なにより、本書の中に登場する面々が活力となってきた。農家民宿 山ノ瀬のおやじ
さんと絹さんにも感謝である。
そして、僕の写真家としての道を指南してくれた写真家・竹内敏信先生と邦楽家・
昭子先生にお礼を伝えたい。
これからも厳しく、そして優しく見守って頂けたら幸いである。

自宅書斎にて　写真家　秦 達夫

秦 達夫

1970年4月20日、長野県飯田市遠山郷生まれ。自動車販売会社・バイクショップに勤務。後に家業を継ぐために写真の勉強を始め、自分の可能性を信じ写真家を志す。写真家・竹内敏信氏の助手を経て独立。故郷の湯立神楽「霜月祭」を取材した『あらびるでな』で第八回藤本四八写真賞受賞。同タイトルの写真集を信濃毎日新聞社から出版。写真集『山岳島_屋久島』『屋久島 RainyDays』『Traces of Yakushima』『New Zealand』ほか多数。小説家・新田次郎氏著『孤高の人』の加藤文太郎に共感し、『アラスカ物語』のフランク安田を尊敬している。

日本写真家協会会員、日本写真協会会員、日本写真芸術専門学校講師、Foxfire フィールドスタッフ

雨のち雨 ところによっても雨
――屋久島物語

2021年5月25日 初版第一刷発行

著　者　秦　達夫
発行人　片村昇一
編　集　藤森邦晃

発行所　株式会社日本写真企画
〒104-0032
東京都中央区八丁堀4-10-8　第3SSビル601
TEL 03-3551-2643　FAX 03-3551-2370

デザイン　泉 かほり（オンデザイン）
印刷所　シナノ印刷株式会社

Printed in Japan
ISBN978-4-86562-125-9　C0025